I0145189

PREFAZIONE

La raccolta di frasari da viaggio "Andrà tutto bene!" pubblicati da T&P Books è destinata a coloro che viaggiano all'estero per turismo e per motivi professionali. I frasari contengono ciò che conta di più - gli elementi essenziali per la comunicazione di base. Questa è un'indispensabile serie di frasi utili per "sopravvivere" durante i soggiorni all'estero.

Questo frasario potrà esservi di aiuto nella maggior parte dei casi in cui dovrete chiedere informazioni, ottenere indicazioni stradali, domandare quanto costa qualcosa, ecc. Risulterà molto utile per risolvere situazioni dove la comunicazione è difficile e i gesti non possono aiutarci.

Questo libro contiene molte frasi che sono state raggruppate a seconda degli argomenti più importanti. Questa edizione include anche un piccolo vocabolario che contiene circa 3.000 termini più utilizzati abitualmente. Un'altra sezione del frasario contiene un dizionario gastronomico che vi sarà utile per ordinare pietanze al ristorante o per fare acquisti di genere alimentare.

Durante i vostri viaggi portate con voi il frasario "Andrà tutto bene!" e disporrete di un insostituibile compagno di viaggio che vi aiuterà nei momenti di difficoltà e vi insegnerà a non avere paura di parlare in un'altra lingua straniera.

INDICE

T&P Books Publishing

T&P Books Publishing

FRASARIO

INGLESE

Andrey Taranov

I TERMINI E LE ESPRESSIONI PIÙ UTILI

Questo frasario contiene
espressioni e domande
di uso comune che
risulteranno utili
per intraprendere
conversazioni di base
con gli stranieri

T&P BOOKS

Frasario + dizionario da 3000 vocaboli

Frasario Italiano-Inglese e vocabolario tematico da 3000 vocaboli

Di Andrey Taranov

La raccolta di frasari da viaggio "Andrà tutto bene!" pubblicati da T&P Books è destinata a coloro che viaggiano all'estero per turismo e per motivi professionali. I frasari contengono ciò che conta di più - gli elementi essenziali per la comunicazione di base. Questa è un'indispensabile serie di frasi utili per "sopravvivere" durante i soggiorni all'estero.

Questo libro inoltre include un piccolo vocabolario tematico che comprende circa 3.000 termini più utilizzati abitualmente. Un'altra sezione del frasario contiene un dizionario gastronomico che vi sarà utile per ordinare pietanze al ristorante o per fare acquisti di genere alimentare.

T&P Books Publishing
www.tpbooks.com

ISBN: 978-1-78492-703-5

Questo libro è disponibile anche in formato e-book.
Visitate il sito www.tpbooks.com o le principali librerie online.

PRONUNCIA

Lettera	Esempio inglese americano	Alfabeto fonetico T&P	Esempio italiano

Vocali

a	age	[eɪ]	seicento
a	bag	[æ]	spremifrutta
a	car	[ɑ:]	scusare
a	care	[eə]	Via Lattea
e	meat	[i:]	scacchi
e	pen	[e]	meno, leggere
e	verb	[ɜ]	oblò
e	here	[ɪə]	carie
i	life	[aj]	marinaio
i	sick	[ɪ]	tattica
i	girl	[ø]	oblò
i	fire	[ajə]	rotaie
o	rose	[əʊ]	europeo
o	shop	[ɒ]	hall
o	sport	[ɔ:]	coordinare
o	ore	[ɔ:]	coordinare
u	to include	[u:]	discutere
u	sun	[ʌ]	fare
u	church	[ɜ]	oblò
u	pure	[ʊə]	quest'anno
y	to cry	[aj]	marinaio
y	system	[ɪ]	tattica
y	Lyre	[ajə]	rotaie
y	party	[ɪ]	tattica

Consonanti

b	bar	[b]	bianco
c	city	[s]	sapere
c	clay	[k]	cometa
d	day	[d]	doccia
f	face	[f]	ferrovia
g	geography	[dʒ]	piangere

Lettera	Esempio inglese americano	Alfabeto fonetico T&P	Esempio italiano
g	glue	[g]	guerriero
h	home	[h]	[h] aspirate
j	joke	[dʒ]	piangere
k	king	[k]	cometa
l	love	[l]	saluto
m	milk	[m]	mostra
n	nose	[n]	notte
p	pencil	[p]	pieno
q	queen	[k]	cometa
r	rose	[r]	ritmo, raro
s	sleep	[s]	sapere
s	please	[z]	rosa
s	pleasure	[ʒ]	beige
t	table	[t]	tattica
v	velvet	[v]	volare
w	winter	[w]	week-end
x	ox	[ks]	taxi
x	exam	[gz]	inglese - exam
z	azure	[ʒ]	beige
z	zebra	[z]	rosa

Combinazioni di lettere

ch	China	[tʃ]	cinque
ch	chemistry	[k]	cometa
ch	machine	[ʃ]	ruscello
sh	ship	[ʃ]	ruscello
th	weather	[ð]	come [z] ma con la lingua fra i denti
th	tooth	[θ]	Toscana (dialetto toscano)
ph	telephone	[f]	ferrovia
ck	black	[k]	cometa
ng	ring	[ŋ]	fango
ng	English	[ŋ]	fango
wh	white	[w]	week-end
wh	whole	[h]	[h] aspirate
wr	wrong	[ɪ]	ritmo, raro
gh	enough	[f]	ferrovia
gh	sign	[n]	notte
kn	knife	[n]	notte
qu	question	[kv]	subacqueo
tch	catch	[tʃ]	cinque
oo+k	book	[ʊ]	prugno
oo+r	door	[ɔ:]	coordinare
ee	tree	[i:]	scacchi
ou	house	[aʊ]	autunno

Lettera	Esempio inglese americano	Alfabeto fonetico T&P	Esempio italiano
ou+r	our	[aʊə]	inglese - flour
ay	today	[eɪ]	seicento
ey	they	[eɪ]	seicento

LISTA DELLE ABBREVIAZIONI

Italiano. Abbreviazioni

agg	-	aggettivo
anim.	-	animato
avv	-	avverbio
cong	-	congiunzione
ecc.	-	eccetera
f	-	sostantivo femminile
f pl	-	femminile plurale
fem.	-	femminile
form.	-	formale
inanim.	-	inanimato
inform.	-	familiare
m	-	sostantivo maschile
m pl	-	maschile plurale
m, f	-	maschile, femminile
masc.	-	maschile
mil.	-	militare
pl	-	plurale
pron	-	pronome
qc	-	qualcosa
qn	-	qualcuno
sing.	-	singolare
v aus	-	verbo ausiliare
vi	-	verbo intransitivo
vi, vt	-	verbo intransitivo, transitivo
vr	-	verbo riflessivo
vt	-	verbo transitivo

Inglese americano. Abbreviazioni

v aux	-	verbo ausiliare
vi	-	verbo intransitivo
vi, vt	-	verbo intransitivo, transitivo
vt	-	verbo transitivo

T&P BOOKS

FRASARIO INGLESE

Questa sezione contiene frasi importanti che potranno rivelarsi utili in varie situazioni di vita quotidiana. Il frasario vi sarà di aiuto per chiedere indicazioni, chiarire il prezzo di qualcosa, comprare dei biglietti e ordinare pietanze in un ristorante

T&P Books Publishing

INDICE DEL FRASARIO

T&P Books Publishing

Il minimo indispensabile

Mi scusi, ...	**Excuse me, ...** [ɪk'skju:z mi:, ...]
Buongiorno.	**Hello.** [hə'ləʊ]
Grazie.	**Thank you.** [θæŋk ju]
Arrivederci.	**Good bye.** [gʊd baɪ]
Sì.	**Yes.** [jes]
No.	**No.** [nəʊ]
Non lo so.	**I don't know.** [aɪ dəʊnt nəʊ]
Dove? | Dove? (~ stai andando?) | Quando?	**Where? | Where to? | When?** [weə? | weə tu:? | wen?]
Ho bisogno di ...	**I need ...** [aɪ ni:d ...]
Voglio ...	**I want ...** [aɪ wɒnt ...]
Avete ...?	**Do you have ...?** [də ju hɛv ...?]
C'è un /una/ ... qui?	**Is there a ... here?** [ɪz ðər ə ... hɪə?]
Posso ...?	**May I ...?** [meɪ aɪ ...?]
per favore	**..., please** [..., pli:z]
Sto cercando ...	**I'm looking for ...** [aɪm 'lʊkɪŋ fə ...]
il bagno	**restroom** ['restru:m]
un bancomat	**ATM** [eɪti:'em]
una farmacia	**pharmacy, drugstore** ['fɑ:məsi, 'drʌgstɔ:]
un ospedale	**hospital** ['hɒspɪtl]
la stazione di polizia	**police station** [pə'li:s 'steɪʃn]
la metro	**subway** ['sʌbweɪ]

un taxi	**taxi** ['tæksi]
la stazione (ferroviaria)	**train station** [treɪn 'steɪʃn]

Mi chiamo ...	**My name is ...** [maɪ 'neɪm ɪz ...]
Come si chiama?	**What's your name?** [wɒts jɔː 'neɪm?]
Mi può aiutare, per favore?	**Could you please help me?** [kəd ju pliːz help miː?]
Ho un problema.	**I've got a problem.** [av gɒt ə 'prɒbləm]
Mi sento male.	**I don't feel well.** [aɪ dəʊnt fiːl wel]
Chiamate l'ambulanza!	**Call an ambulance!** [kɔːl ən 'æmbjələns!]
Posso fare una telefonata?	**May I make a call?** [meɪ aɪ 'meɪk ə kɔːl?]

Mi dispiace.	**I'm sorry.** [aɪm 'sɒri]
Prego.	**You're welcome.** [juə 'welkəm]

io	**I, me** [aɪ, mi]
tu	**you** [ju]
lui	**he** [hi]
lei	**she** [ʃi]
loro (m)	**they** [ðeɪ]
loro (f)	**they** [ðeɪ]
noi	**we** [wi]
voi	**you** [ju]
Lei	**you** [ju]

ENTRATA	**ENTRANCE** ['entrɑːns]
USCITA	**EXIT** ['eksɪt]
FUORI SERVIZIO	**OUT OF ORDER** [aʊt əv 'ɔːdə]
CHIUSO	**CLOSED** [kləʊzd]

APERTO	**OPEN** ['əʊpən]
DONNE	**FOR WOMEN** [fə 'wɪmɪn]
UOMINI	**FOR MEN** [fə men]

Domande

Dove?	**Where?** [weə?]
Dove? (~ stai andando?)	**Where to?** [weə tu:?]
Da dove?	**Where from?** [weə frɒm?]
Perchè?	**Why?** [waɪ?]
Per quale motivo?	**Why?** [waɪ?]
Quando?	**When?** [wen?]

Per quanto tempo?	**How long?** [haʊ 'lɒŋ?]
A che ora?	**At what time?** [ət wɒt 'taɪm?]
Quanto?	**How much?** [haʊ 'mʌtʃ?]
Avete ...?	**Do you have ...?** [də ju hɛv ...?]
Dov'e ...?	**Where is ...?** [weə ɪz ...?]

Che ore sono?	**What time is it?** [wɒt taɪm ɪz ɪt?]
Posso fare una telefonata?	**May I make a call?** [meɪ aɪ meɪk ə kɔ:l?]
Chi è?	**Who's there?** [hu:z ðeə?]
Si può fumare qui?	**Can I smoke here?** [kən aɪ sməʊk hɪə?]
Posso ...?	**May I ...?** [meɪ aɪ ...?]

Necessità

Vorrei ...	**I'd like ...** [aɪd 'laɪk ...]
Non voglio ...	**I don't want ...** [aɪ dəʊnt wɒnt ...]
Ho sete.	**I'm thirsty.** [aɪm 'θɜ:sti]
Ho sonno.	**I want to sleep.** [aɪ wɒnt tə sli:p]
Voglio ...	**I want ...** [aɪ wɒnt ...]
lavarmi	**to wash up** [tə wɒʃ ʌp]
lavare i denti	**to brush my teeth** [tə brʌʃ maɪ ti:θ]
riposae un po'	**to rest a while** [tə rest ə waɪl]
cambiare i vestiti	**to change my clothes** [tə tʃeɪndʒ maɪ kləʊðz]
tornare in albergo	**to go back to the hotel** [tə gəʊ 'bæk tə ðə həʊ'tel]
comprare ...	**to buy ...** [tə baɪ ...]
andare a ...	**to go to ...** [tə gəʊ tə ...]
visitare ...	**to visit ...** [tə 'vɪzɪt ...]
incontrare ...	**to meet with ...** [tə mi:t wɪð ...]
fare una telefonata	**to make a call** [tə meɪk ə kɔ:l]
Sono stanco.	**I'm tired.** [aɪm 'taɪəd]
Siamo stanchi.	**We are tired.** [wi ə 'taɪəd]
Ho freddo.	**I'm cold.** [aɪm kəʊld]
Ho caldo.	**I'm hot.** [aɪm hɒt]
Sto bene.	**I'm OK.** [aɪm əʊ'keɪ]

Devo fare una telefonata.

I need to make a call.
[aɪ niːd tə meɪk ə kɔːl]

Devo andare in bagno.

I need to go to the restroom.
[aɪ niːd tə gəʊ tə ðə 'restruːm]

Devo andare.

I have to go.
[aɪ hɛv tə gəʊ]

Devo andare adesso.

I have to go now.
[aɪ hɛv tə gəʊ naʊ]

Come chiedere indicazioni

Mi scusi, ...	**Excuse me, ...** [ɪkˈskjuːz miː, ...]
Dove si trova ...?	**Where is ...?** [weə ɪz ...?]
Da che parte è ...?	**Which way is ...?** [wɪtʃ weɪ ɪz ...?]
Mi può aiutare, per favore?	**Could you help me, please?** [kəd ju help miː, pliːz?]

Sto cercando ...	**I'm looking for ...** [aɪm ˈlʊkɪŋ fə ...]
Sto cercando l'uscita.	**I'm looking for the exit.** [aɪm ˈlʊkɪŋ fə ði ˈeksɪt]
Sto andando a ...	**I'm going to ...** [aɪm ˈɡəʊɪŋ tə ...]
Sto andando nella direzione giusta per ...?	**Am I going the right way to ...?** [əm aɪ ˈɡəʊɪŋ ðə raɪt ˈweɪ tə ...?]

E' lontano?	**Is it far?** [ɪz ɪt fɑː?]
Posso andarci a piedi?	**Can I get there on foot?** [kən aɪ get ðər ɒn fʊt?]
Può mostrarmi sulla piantina?	**Can you show me on the map?** [kən ju ʃəʊ miː ɒn ðə mæp?]
Può mostrarmi dove ci troviamo adesso.	**Show me where we are right now.** [ʃəʊ miː weə wi ə raɪt naʊ]

Qui	**Here** [hɪə]
Là	**There** [ðeə]
Da questa parte	**This way** [ðɪs weɪ]

Giri a destra.	**Turn right.** [tɜːn raɪt]
Giri a sinistra.	**Turn left.** [tɜːn left]
La prima (la seconda, la terza) strada	**first (second, third) turn** [fɜːst (ˈsekənd, θɜːd) tɜːn]

a destra	**to the right** [tə ðə raɪt]
a sinistra	**to the left** [tə ðə left]
Vada sempre dritto.	**Go straight.** [gəʊ streɪt]

Segnaletica

BENVENUTO!	**WELCOME!** ['welkəm!]
ENTRATA	**ENTRANCE** ['entrɑːns]
USCITA	**EXIT** ['eksɪt]

SPINGERE	**PUSH** [pʊʃ]
TIRARE	**PULL** [pʊl]
APERTO	**OPEN** ['əʊpən]
CHIUSO	**CLOSED** [kləʊzd]

DONNE	**FOR WOMEN** [fə 'wɪmɪn]
UOMINI	**FOR MEN** [fə men]
BAGNO UOMINI	**MEN, GENTS** [men, dʒents]
BAGNO DONNE	**WOMEN, LADIES** ['wɪmɪn, 'leɪdɪz]

SALDI | SCONTI	**DISCOUNTS** ['dɪskaʊnts]
IN SALDO	**SALE** [seɪl]
GRATIS	**FREE** [friː]
NOVITA!	**NEW!** [njuː!]
ATTENZIONE!	**ATTENTION!** [ə'tenʃn!]

COMPLETO	**NO VACANCIES** [nəʊ 'veɪkənsɪz]
RISERVATO	**RESERVED** [rɪ'zɜːvd]
AMMINISTRAZIONE	**ADMINISTRATION** [ədmɪnɪ'streɪʃn]
RISERVATO AL PERSONALE	**STAFF ONLY** [stɑːf 'əʊnli]

ATTENTI AL CANE!
BEWARE OF THE DOG!
[bɪˈweər əv ðə dɒg!]

VIETATO FUMARE
NO SMOKING!
[nəʊ ˈsməʊkɪŋ!]

NON TOCCARE
DO NOT TOUCH!
[də nɒt tʌtʃ!]

PERICOLOSO
DANGEROUS
[ˈdeɪndʒərəs]

PERICOLO
DANGER
[ˈdeɪndʒə]

ALTA TENSIONE
HIGH VOLTAGE
[haɪ ˈvəʊltɪdʒ]

DIVIETO DI BALNEAZIONE
NO SWIMMING!
[nəʊ ˈswɪmɪŋ!]

FUORI SERVIZIO
OUT OF ORDER
[aʊt əv ˈɔːdə]

INFIAMMABILE
FLAMMABLE
[ˈflæməbl]

VIETATO
FORBIDDEN
[fəˈbɪdn]

VIETATO L'ACCESSO
NO TRESPASSING!
[nəʊ ˈtrespəsɪŋ!]

PITTURA FRESCA
WET PAINT
[wet peɪnt]

CHIUSO PER RESTAURO
CLOSED FOR RENOVATIONS
[kləʊzd fə renəˈveɪʃnz]

LAVORI IN CORSO
WORKS AHEAD
[ˈwɜːks əˈhed]

DEVIAZIONE
DETOUR
[ˈdiːtʊə]

Mezzi di trasporto - Frasi generiche

aereo	**plane** [pleɪn]
treno	**train** [treɪn]
autobus	**bus** [bʌs]
traghetto	**ferry** ['feri]
taxi	**taxi** ['tæksi]
macchina	**car** [kɑ:]

orario	**schedule** ['ʃedju:l]
Dove posso vedere l'orario?	**Where can I see the schedule?** [weə kən aɪ si: ðə 'ʃedju:l?]
giorni feriali	**workdays** ['wɜ:kdeɪz]
giorni di festa (domenica)	**weekends** [wi:k'endz]
giorni festivi	**holidays** ['hɒlədeɪz]

PARTENZA	**DEPARTURE** [dɪ'pɑ:tʃə]
ARRIVO	**ARRIVAL** [ə'raɪvl]
IN RITARDO	**DELAYED** [dɪ'leɪd]
CANCELLATO	**CANCELED** ['kænsəld]

il prossimo (treno, ecc.)	**next** [nɛkst]
il primo	**first** [fɜ:st]
l'ultimo	**last** [lɑ:st]

Quando è il prossimo ...?	**When is the next ...?** [wen ɪz ðə nɛkst ...?]
Quando è il primo ...?	**When is the first ...?** [wen ɪz ðə fɜ:st ...?]

Quando è l'ultimo ...?

When is the last ...?
[wen ɪz ðə lɑ:st ...?]

scalo

transfer
['trænsfɜ:]

effettuare uno scalo

to make a transfer
[tə meɪk ə 'trænsfɜ:]

Devo cambiare?

Do I need to make a transfer?
[də aɪ ni:d tə meɪk ə 'trænsfɜ:?]

Acquistando un biglietto

Dove posso comprare i biglietti?	**Where can I buy tickets?** [weə kən aı baı 'tɪkɪts?]
biglietto	**ticket** ['tɪkɪt]
comprare un biglietto	**to buy a ticket** [tə baı ə 'tɪkɪt]
il prezzo del biglietto	**ticket price** ['tɪkɪt praıs]
Dove?	**Where to?** [weə tu:?]
In quale stazione?	**To what station?** [tə wɒt steɪʃn?]
Avrei bisogno di ...	**I need ...** [aı ni:d ...]
un biglietto	**one ticket** [wʌn 'tɪkɪt]
due biglietti	**two tickets** [tu: 'tɪkɪts]
tre biglietti	**three tickets** [θri: 'tɪkɪts]
solo andata	**one-way** [wʌn'weɪ]
andata e ritorno	**round-trip** [rɑ:wnd trɪp]
prima classe	**first class** [fɜ:st klɑ:s]
seconda classe	**second class** ['sekənd klɑ:s]
oggi	**today** [tə'deɪ]
domani	**tomorrow** [tə'mɒrəʊ]
dopodomani	**the day after tomorrow** [ðə deɪ 'ɑ:ftə tə'mɒrəʊ]
la mattina	**in the morning** [ɪn ðə 'mɔ:nɪŋ]
nel pomeriggio	**in the afternoon** [ɪn ði ɑ:ftə'nu:n]
la sera	**in the evening** [ɪn ði 'i:vnɪŋ]

posto lato corridoio	**aisle seat** [aɪl siːt]
posto lato finestrino	**window seat** ['wɪndəʊ siːt]
Quanto?	**How much?** [haʊ mʌtʃ?]
Posso pagare con la carta di credito?	**Can I pay by credit card?** [kən aɪ peɪ baɪ 'kredɪt kɑːd?]

Autobus

autobus	**bus** [bʌs]
autobus interurbano	**intercity bus** [ɪntəˈsɪti bʌs]
fermata dell'autobus	**bus stop** [bʌs stɒp]
Dov'è la fermata dell'autobus più vicina?	**Where's the nearest bus stop?** [weəz ðə ˈnɪərɪst bʌs stɒp?]

numero	**number** [ˈnʌmbə]
Quale autobus devo prendere per andare a ...?	**Which bus do I take to get to ...?** [wɪtʃ bʌs də aɪ teɪk tə get tə ...?]
Questo autobus va a ...?	**Does this bus go to ...?** [dəz ðɪs bʌs gəʊ tə ...?]
Qual'è la frequenza delle corse degli autobus?	**How frequent are the buses?** [haʊ frɪˈkwent ə ðə ˈbʌsɪz?]

ogni 15 minuti	**every 15 minutes** [ˈevri fɪfˈtiːn ˈmɪnɪts]
ogni mezzora	**every half hour** [ˈevri hɑːf ˈaʊə]
ogni ora	**every hour** [ˈevri ˈaʊə]
più a volte al giorno	**several times a day** [ˈsevrəl taɪmz ə deɪ]
... volte al giorno	**... times a day** [... taɪmz ə deɪ]

orario	**schedule** [ˈʃedjuːl]
Dove posso vedere l'orario?	**Where can I see the schedule?** [weə kən aɪ siː ðə ˈʃedjuːl?]
Quando passa il prossimo autobus?	**When is the next bus?** [wen ɪz ðə nekst bʌs?]
A che ora è il primo autobus?	**When is the first bus?** [wen ɪz ðə fɜːst bʌs?]
A che ora è l'ultimo autobus?	**When is the last bus?** [wen ɪz ðə lɑːst bʌs?]

fermata	**stop** [stɒp]
prossima fermata	**next stop** [nekst stɒp]

ultima fermata

last stop
[lɑːst stɒp]

Può fermarsi qui, per favore.

Stop here, please.
[stɒp hɪə, pliːz]

Mi scusi, questa è la mia fermata.

Excuse me, this is my stop.
[ɪkˈskjuːz miː, ðɪs ɪz maɪ stɒp]

Treno

treno	**train** [treɪn]
treno locale	**suburban train** [sə'bɜːbən treɪn]
treno a lunga percorrenza	**long-distance train** ['lɒŋdɪstəns treɪn]
stazione (~ ferroviaria)	**train station** [treɪn steɪʃn]
Mi scusi, dov'è l'uscita per il binario?	**Excuse me, where is the exit to the platform?** [ɪk'skjuːz miː, weə ɪz ði 'eksɪt tə ðə 'plætfɔːm?]

Questo treno va a ...?	**Does this train go to ...?** [dəz ðɪs treɪn gəʊ tə ...?]
il prossimo treno	**next train** [nɛkst treɪn]
Quando è il prossimo treno?	**When is the next train?** [wen ɪz ðə nɛkst treɪn?]
Dove posso vedere l'orario?	**Where can I see the schedule?** [weə kən aɪ siː ðə 'ʃedjuːl?]
Da quale binario?	**From which platform?** [frəm wɪtʃ 'plætfɔːm?]
Quando il treno arriva a ... ?	**When does the train arrive in ...?** [wen dəz ðə treɪn ə'raɪv ɪn ...?]

Mi può aiutare, per favore.	**Please help me.** [pliːz help miː]
Sto cercando il mio posto.	**I'm looking for my seat.** [aɪm 'lʊkɪŋ fə maɪ siːt]
Stiamo cercando i nostri posti.	**We're looking for our seats.** [wɪə 'lʊkɪŋ fə 'aʊə siːts]
Il mio posto è occupato.	**My seat is taken.** [maɪ siːt ɪs 'teɪkən]
I nostri posti sono occupati.	**Our seats are taken.** ['aʊə siːts ə 'teɪkən]

Mi scusi, ma questo è il mio posto.	**I'm sorry but this is my seat.** [aɪm 'sɒri bət ðɪs ɪz maɪ siːt]
E' occupato?	**Is this seat taken?** [ɪz ðɪs siːt 'teɪkən?]
Posso sedermi qui?	**May I sit here?** [meɪ aɪ sɪt hɪə?]

Sul treno - Dialogo (Senza il biglietto)

Biglietto per favore.

Ticket, please.
['tɪkɪt, pli:z]

Non ho il biglietto.

I don't have a ticket.
[aɪ dəʊnt hɛv ə 'tɪkɪt]

Ho perso il biglietto.

I lost my ticket.
[aɪ lɒst maɪ 'tɪkɪt]

Ho dimenticato il biglietto a casa.

I forgot my ticket at home.
[aɪ fə'gɒt maɪ 'tɪkɪt ət həʊm]

Può acquistare il biglietto da me.

You can buy a ticket from me.
[ju kən baɪ ə 'tɪkɪt frəm mi:]

Deve anche pagare una multa.

You will also have to pay a fine.
[ju wɪl 'ɔ:lsəʊ hɛv tə peɪ ə faɪn]

Va bene.

Okay.
[əʊ'keɪ]

Dove va?

Where are you going?
[weər ə ju 'gəʊɪŋ?]

Vado a ...

I'm going to ...
[aɪm 'gəʊɪŋ tə ...]

Quanto? Non capisco.

How much? I don't understand.
[haʊ 'mʌtʃ? aɪ dəʊnt ʌndə'stænd]

Può scriverlo per favore.

Write it down, please.
['raɪt ɪt daʊn, pli:z]

D'accordo. Posso pagare con la carta di credito?

Okay. Can I pay with a credit card?
[əʊ'keɪ. kən aɪ peɪ wɪð ə 'kredɪt kɑ:d?]

Sì.

Yes, you can.
[jes, ju kæn]

Ecco la sua ricevuta.

Here's your receipt.
[hɪəz jɔ: rɪ'si:t]

Mi dispiace per la multa.

Sorry about the fine.
['sɒri ə'baʊt ðə faɪn]

Va bene così. È stata colpa mia.

That's okay. It was my fault.
[ðæts əʊ'keɪ. ɪt wəz maɪ fɔ:t]

Buon viaggio.

Enjoy your trip.
[ɪn'dʒɔɪ jɔ: trɪp]

Taxi

taxi	**taxi** ['tæksi]
tassista	**taxi driver** ['tæksi 'draɪvə]
prendere un taxi	**to catch a taxi** [tə kætʃ ə 'tæksi]
posteggio taxi	**taxi stand** ['tæksi stænd]
Dove posso prendere un taxi?	**Where can I get a taxi?** [weə kən aɪ get ə 'tæksi?]
chiamare un taxi	**to call a taxi** [tə kɔːl ə 'tæksi]
Ho bisogno di un taxi.	**I need a taxi.** [aɪ niːd ə 'tæksi]
Adesso.	**Right now.** [raɪt naʊ]
Qual'è il suo indirizzo?	**What is your address (location)?** ['wɒts jɔːr ə'dres (ləʊ'keɪʃn)?]
Il mio indirizzo è ...	**My address is ...** [maɪ ə'dres ɪz ...]
La sua destinazione?	**Your destination?** [jɔː destɪ'neɪʃn?]
Mi scusi, ...	**Excuse me, ...** [ɪk'skjuːz miː, ...]
E' libero?	**Are you available?** [ə ju ə'veɪləbl?]
Quanto costa andare a ...?	**How much is it to get to ...?** [haʊ 'mʌtʃ ɪz ɪt tə get tə ...?]
Sapete dove si trova?	**Do you know where it is?** [də ju nəʊ weər ɪt ɪz?]
All'aeroporto, per favore.	**Airport, please.** ['eəpɔːt, pliːz]
Si fermi qui, per favore.	**Stop here, please.** [stɒp hɪə, pliːz]
Non è qui.	**It's not here.** [ɪts nɒt hɪə]
È l'indirizzo sbagliato.	**This is the wrong address.** [ðɪs ɪz ðə rɒŋ ə'dres]
Giri a sinistra.	**Turn left.** [tɜːn left]
Giri a destra.	**Turn right.** [tɜːn raɪt]

Quanto le devo?

How much do I owe you?
[haʊ 'mʌtʃ də aɪ əʊ ju?]

Potrei avere una ricevuta, per favore.

I'd like a receipt, please.
[aɪd laɪk ə rɪ'siːt, pliːz]

Tenga il resto.

Keep the change.
[kiːp ðə tʃeɪndʒ]

Può aspettarmi, per favore?

Would you please wait for me?
[wʊd ju pliːz weɪt fə miː?]

cinque minuti

five minutes
[faɪv 'mɪnɪts]

dieci minuti

ten minutes
[ten 'mɪnɪts]

quindici minuti

fifteen minutes
[fɪf'tiːn 'mɪnɪts]

venti minuti

twenty minutes
['twenti 'mɪnɪts]

mezzora

half an hour
[hɑːf ən 'aʊə]

Hotel

Salve.

Hello.
[hə'ləʊ]

Mi chiamo ...

My name is ...
[maɪ neɪm ɪz ...]

Ho prenotato una camera.

I have a reservation.
[aɪ hɛv ə rezə'veɪʃn]

Ho bisogno di ...

I need ...
[aɪ niːd ...]

una camera singola

a single room
[ə sɪŋgl ruːm]

una camera doppia

a double room
[ə dʌbl ruːm]

Quanto costa questo?

How much is that?
[haʊ 'mʌtʃ ɪz ðæt?]

È un po' caro.

That's a bit expensive.
[ðæts ə bɪt ɪk'spensɪv]

Avete qualcos'altro?

Do you have anything else?
[du ju: hæv 'enɪθɪŋ els?]

La prendo.

I'll take it.
[aɪl teɪk ɪt]

Pago in contanti.

I'll pay in cash.
[aɪl peɪ ɪn kæʃ]

Ho un problema.

I've got a problem.
[aɪv gɒt ə 'prɒbləm]

Il mio ... è rotto.

My ... is broken.
[maɪ ... ɪz 'brəʊkən]

Il mio ... è fuori servizio.

My ... is out of order.
[maɪ ... ɪz aʊt əv 'ɔːdə]

televisore

TV
[tiː'viː]

condizionatore

air conditioner
[eə kən'dɪʃənə]

rubinetto

tap
[tæp]

---

doccia

shower
['ʃaʊə]

lavandino

sink
[sɪŋk]

cassaforte

safe
[seɪf]

serratura	**door lock** [dɔ: lɒk]
presa elettrica	**electrical outlet** [ɪ'lektrɪkl 'aʊtlet]
asciugacapelli	**hairdryer** ['heədraɪə]

Non ho ...	**I don't have ...** [aɪ 'dəʊnt hɛv ...]
l'acqua	**water** ['wɔ:tə]
la luce	**light** [laɪt]
l'elettricità	**electricity** [ɪlek'trɪsɪti]

Può darmi ...?	**Can you give me ...?** [kən ju gɪv mi: ...?]
un asciugamano	**a towel** [ə 'taʊəl]
una coperta	**a blanket** [ə 'blæŋkɪt]
delle pantofole	**slippers** ['slɪpəz]
un accappatoio	**a robe** [ə rəʊb]
dello shampoo	**shampoo** [ʃæm'pu:]
del sapone	**soap** [səʊp]

Vorrei cambiare la camera.	**I'd like to change rooms.** [aɪd laɪk tə tʃeɪndʒ ru:mz]
Non trovo la chiave.	**I can't find my key.** [aɪ kɑ:nt faɪnd maɪ ki:]
Potrebbe aprire la mia camera, per favore?	**Could you open my room, please?** [kəd ju 'əʊpən maɪ ru:m, pli:z?]
Chi è?	**Who's there?** [hu:z ðeə?]
Avanti!	**Come in!** [kʌm 'ɪn!]
Un attimo!	**Just a minute!** [dʒəst ə 'mɪnɪt!]
Non adesso, per favore.	**Not right now, please.** [nɒt raɪt naʊ, pli:z]

Può venire nella mia camera, per favore.	**Come to my room, please.** [kʌm tə maɪ ru:m, pli:z]
Vorrei ordinare qualcosa da mangiare.	**I'd like to order food service.** [aɪd laɪk tu 'ɔ:də fu:d 'sɜ:vɪs]
Il mio numero di camera è ...	**My room number is ...** [maɪ ru:m 'nʌmbə iz ...]

Parto ...	**I'm leaving ...** [aɪm 'li:vɪŋ ...]
Partiamo ...	**We're leaving ...** [wɪə 'li:vɪŋ ...]
adesso	**right now** [raɪt naʊ]
questo pomeriggio	**this afternoon** [ðɪs ɑ:ftə'nu:n]
stasera	**tonight** [tə'naɪt]
domani	**tomorrow** [tə'mɒrəʊ]
domani mattina	**tomorrow morning** [tə'mɒrəʊ 'mɔ:nɪŋ]
domani sera	**tomorrow evening** [tə'mɒrəʊ 'i:vnɪŋ]
dopodomani	**the day after tomorrow** [ðə deɪ 'ɑ:ftə tə'mɒrəʊ]

Vorrei pagare.	**I'd like to pay.** [aɪd 'laɪk tə peɪ]
È stato tutto magnifico.	**Everything was wonderful.** ['evrɪθɪŋ wəz 'wʌndəfəl]
Dove posso prendere un taxi?	**Where can I get a taxi?** [weə kən aɪ get ə 'tæksi?]
Potrebbe chiamarmi un taxi, per favore?	**Would you call a taxi for me, please?** [wʊd ju kɔ:l ə 'tæksi fə mi:, pli:z?]

Al Ristorante

Posso vedere il menù, per favore?
Can I look at the menu, please?
[kən aɪ lʊk ət ðə 'menju:, pli:z?]

Un tavolo per una persona.
Table for one.
['teɪbl fə wʌn]

Siamo in due (tre, quattro).
There are two (three, four) of us.
[ðər ə tu: (θri:, fɔ:r) əv'ʌs]

Fumatori
Smoking
['sməʊkɪŋ]

Non fumatori
No smoking
[nəʊ 'sməʊkɪŋ]

Mi scusi!
Excuse me!
[ɪk'skju:z mi:!]

il menù
menu
['menju:]

la lista dei vini
wine list
[waɪn lɪst]

Posso avere il menù, per favore.
The menu, please.
[ðə 'menju:, pli:z]

È pronto per ordinare?
Are you ready to order?
[ə ju 'redi tu 'ɔ:də?]

Cosa gradisce?
What will you have?
[wɒt wɪl ju hæv?]

Prendo ...
I'll have ...
[aɪl hɛv ...]

Sono vegetariano.
I'm a vegetarian.
[aɪm ə vedʒɪ'teərɪən]

carne
meat
[mi:t]

pesce
fish
[fɪʃ]

verdure
vegetables
['vedʒɪtəblz]

Avete dei piatti vegetariani?
Do you have vegetarian dishes?
[də ju hɛv vedʒɪ'teərɪən 'dɪʃɪz?]

Non mangio carne di maiale.
I don't eat pork.
[aɪ dəʊnt i:t pɔ:k]

Lui /lei/ non mangia la carne.
He /she/ doesn't eat meat.
[hi /ʃi/ 'dʌznt i:t mi:t]

Sono allergico a ...
I am allergic to ...
[aɪ əm ə'lɜ:dʒɪk tə ...]

Potrebbe portarmi ...

Would you please bring me ...
[wʊd ju pliːz brɪŋ miː ...]

del sale | del pepe | dello zucchero

salt | pepper | sugar
[sɔːlt | 'pepə | 'ʃʊgə]

un caffè | un tè | un dolce

coffee | tea | dessert
['kɒfi | tiː | dɪ'zɜːt]

dell'acqua | frizzante | naturale

water | sparkling | plain
['wɔːtə | 'spɑːklɪŋ | pleɪn]

un cucchiaio | una forchetta | un coltello

spoon | fork | knife
[spuːn | fɔːk | naɪf]

un piatto | un tovagliolo

plate | napkin
[pleɪt | 'næpkɪn]

Buon appetito!

Enjoy your meal!
[ɪn'dʒɔɪ jɔː miːl]

Un altro, per favore.

One more, please.
[wʌn mɔː, pliːz]

È stato squisito.

It was very delicious.
[ɪt wəz 'veri dɪ'lɪʃəs]

---

il conto | il resto | la mancia

check | change | tip
[tʃek | tʃeɪndʒ | tɪp]

Il conto, per favore.

Check, please.
[tʃek, pliːz]

Posso pagare con la carta di credito?

Can I pay by credit card?
[kən aɪ peɪ baɪ 'kredɪt kɑːd?]

Mi scusi, c'è un errore.

I'm sorry, there's a mistake here.
[aɪm 'sɒri, ðeəz ə mɪ'steɪk hɪə]

Shopping

Posso aiutarla?	**Can I help you?** [kən aɪ help ju?]
Avete ...?	**Do you have ,,,?** [də ju hɛv ...?]
Sto cercando ...	**I'm looking for ...** [aɪm 'lʊkɪŋ fə ...]
Ho bisogno di ...	**I need ...** [aɪ niːd ...]

Sto guardando.	**I'm just looking.** [aɪm dʒəst 'lʊkɪŋ]
Stiamo guardando.	**We're just looking.** [wɪə dʒəst 'lʊkɪŋ]
Ripasserò più tardi.	**I'll come back later.** [aɪl kʌm bæk 'leɪtə]
Ripasseremo più tardi.	**We'll come back later.** [wil kʌm bæk 'leɪtə]
sconti	saldi	**discounts	sale** [dɪs'kaʊnts	seɪl]

Per favore, mi può far vedere ...?	**Would you please show me ...** [wʊd ju pliːz ʃəʊ miː ...]
Per favore, potrebbe darmi ...	**Would you please give me ...** [wʊd ju pliːz gɪv miː ...]
Posso provarlo?	**Can I try it on?** [kən aɪ traɪ ɪt ɒn?]
Mi scusi, dov'è il camerino?	**Excuse me, where's the fitting room?** [ɪk'skjuːz miː, weəz ðə 'fɪtɪŋ ruːm?]
Che colore desidera?	**Which color would you like?** [wɪtʃ 'kʌlər wʊd ju 'laɪk?]
taglia	lunghezza	**size	length** [saɪz	leŋθ]
Come le sta?	**How does it fit?** [haʊ dəz ɪt fɪt?]

Quanto costa questo?	**How much is it?** [haʊ 'mʌtʃ ɪz ɪt?]
È troppo caro.	**That's too expensive.** [ðæts tuː ɪk'spensɪv]
Lo prendo.	**I'll take it.** [aɪl teɪk ɪt]
Mi scusi, dov'è la cassa?	**Excuse me, where do I pay?** [ɪk'skjuːz miː, weə də aɪ peɪ?]

Paga in contanti o con carta di credito?

Will you pay in cash or credit card?
[wɪl ju peɪ ɪn kæʃ ɔː 'kredɪt kɑːd?]

In contanti | con carta di credito

In cash | with credit card
[ɪn kæʃ | wɪð 'kredɪt kɑːd]

Vuole lo scontrino?

Do you want the receipt?
[də ju wɒnt ðə rɪ'siːt?]

Si, grazie.

Yes, please.
[jes, pliːz]

No, va bene così.

No, it's OK.
[nəʊ, ɪts əʊ'keɪ]

Grazie. Buona giornata!

Thank you. Have a nice day!
[θæŋk ju. hɛv ə naɪs deɪ!]

In città

Mi scusi, per favore …	**Excuse me, please.** [ɪk'skjuːz miː, pliːz]
Sto cercando …	**I'm looking for …** [aɪm 'lʊkɪŋ fə …]
la metropolitana	**the subway** [ðə 'sʌbweɪ]
il mio albergo	**my hotel** [maɪ həʊ'tel]
il cinema	**the movie theater** [ðə 'muːvi 'θiːətə]
il posteggio taxi	**a taxi stand** [ə 'tæksi stænd]

un bancomat	**an ATM** [ən eɪtiː'em]
un ufficio dei cambi	**a foreign exchange office** [ə 'fɒrən ɪk'stʃeɪndʒ 'ɒfɪs]
un internet café	**an internet café** [ən 'ɪntənet 'kæfeɪ]
via …	**… street** [… striːt]
questo posto	**this place** [ðɪs 'pleɪs]

Sa dove si trova …?	**Do you know where … is?** [də ju nəʊ weə … ɪz?]
Come si chiama questa via?	**Which street is this?** [wɪtʃ striːt ɪs ðɪs?]
Può mostrarmi dove ci troviamo?	**Show me where we are right now.** [ʃəʊ miː weə wi ə raɪt naʊ]
Posso andarci a piedi?	**Can I get there on foot?** [kən aɪ get ðər ɒn fʊt?]
Avete la piantina della città?	**Do you have a map of the city?** [də ju hɛv ə mæp əv ðə 'sɪti?]

Quanto costa un biglietto?	**How much is a ticket to get in?** [haʊ 'mʌtʃ ɪz ə 'tɪkɪt tə get ɪn?]
Si può fotografare?	**Can I take pictures here?** [kən aɪ teɪk 'pɪktʃəz hɪə?]
E' aperto?	**Are you open?** [ə ju 'əʊpən?]

Quando aprite?

When do you open?
[wen də ju 'əʊpən?]

Quando chiudete?

When do you close?
[wen də ju kləʊz?]

Soldi

Soldi	**money** ['mʌni]
contanti	**cash** [kæʃ]
banconote	**paper money** ['peɪpə 'mʌni]
monete	**loose change** [luːs tʃeɪndʒ]
conto | resto | mancia	**check | change | tip** [tʃek | tʃeɪndʒ | tɪp]
carta di credito	**credit card** ['kredɪt kɑːd]
portafoglio	**wallet** ['wɒlɪt]
comprare	**to buy** [tə baɪ]
pagare	**to pay** [tə peɪ]
multa	**fine** [faɪn]
gratuito	**free** [friː]
Dove posso comprare …?	**Where can I buy …?** [weə kən aɪ baɪ …?]
La banca è aperta adesso?	**Is the bank open now?** [ɪz ðə bæŋk 'əʊpən naʊ?]
Quando apre?	**When does it open?** [wen dəz ɪt 'əʊpən?]
Quando chiude?	**When does it close?** [wen dəz ɪt kləʊz?]
Quanto costa?	**How much?** [haʊ 'mʌtʃ?]
Quanto costa questo?	**How much is this?** [haʊ 'mʌtʃ ɪz ðɪs?]
È troppo caro.	**That's too expensive.** [ðæts tuː ɪk'spensɪv]
Scusi, dov'è la cassa?	**Excuse me, where do I pay?** [ɪk'skjuːz miː, weə də aɪ peɪ?]
Il conto, per favore.	**Check, please.** [tʃek, pliːz]

Posso pagare con la carta di credito?

Can I pay by credit card?
[kən aɪ peɪ baɪ 'kredɪt kɑːd?]

C'è un bancomat?

Is there an ATM here?
[ɪz ðər ən eɪtiː'em hɪə?]

Sto cercando un bancomat.

I'm looking for an ATM.
[aɪm 'lʊkɪŋ fər ən eɪtiː'em]

Sto cercando un ufficio dei cambi.

I'm looking for a foreign exchange office.
[aɪm 'lʊkɪŋ fər ə 'forən ɪk'stʃeɪndʒ 'ɒfɪs]

Vorrei cambiare ...

I'd like to change ...
[aɪd laɪk tə tʃeɪndʒ ...]

Quanto è il tasso di cambio?

What is the exchange rate?
[wɒts ði ɪk'stʃeɪndʒ reɪt?]

Ha bisogno del mio passaporto?

Do you need my passport?
[də ju niːd maɪ 'pɑːspɔːt?]

Le ore

Che ore sono?	**What time is it?** [wɒt taɪm ɪz ɪt?]
Quando?	**When?** [wen?]
A che ora?	**At what time?** [ət wɒt taɪm?]
adesso | più tardi | dopo ...	**now | later | after ...** [naʊ | 'leɪtə | 'ɑːftə ...]
l'una	**one o'clock** [wʌn ə'klɒk]
l'una e un quarto	**one fifteen** [wʌn fɪf'tiːn]
l'una e trenta	**one thirty** [wʌn 'θɜːti]
l'una e quarantacinque	**one forty-five** [wʌn 'fɔːti faɪv]
uno | due | tre	**one | two | three** [wʌn | tuː: | θriː]
quattro | cinque | sei	**four | five | six** [fɔː: | faɪv | sɪks]
sette | otto | nove	**seven | eight | nine** [sevn | eɪt | naɪn]
dieci | undici | dodici	**ten | eleven | twelve** [ten | ɪ'levn | twelv]
fra ...	**in ...** [ɪn ...]
cinque minuti	**five minutes** [faɪv 'mɪnɪts]
dieci minuti	**ten minutes** [ten 'mɪnɪts]
quindici minuti	**fifteen minutes** [fɪf'tiːn 'mɪnɪts]
venti minuti	**twenty minutes** ['twenti 'mɪnɪts]
mezzora	**half an hour** [hɑːf ən 'aʊə]
un'ora	**an hour** [ən 'aʊə]

la mattina	**in the morning** [ɪn ðə 'mɔːnɪŋ]
la mattina presto	**early in the morning** ['ɜːli ɪn ðə 'mɔːnɪŋ]
questa mattina	**this morning** [ðɪs 'mɔːnɪŋ]
domani mattina	**tomorrow morning** [tə'mɒrəʊ 'mɔːnɪŋ]

all'ora di pranzo	**at noon** [ət nuːn]
nel pomeriggio	**in the afternoon** [ɪn ði ɑːftə'nuːn]
la sera	**in the evening** [ɪn ði 'iːvnɪŋ]
stasera	**tonight** [tə'naɪt]

la notte	**at night** [ət naɪt]
ieri	**yesterday** ['jestədi]
oggi	**today** [tə'deɪ]
domani	**tomorrow** [tə'mɒrəʊ]
dopodomani	**the day after tomorrow** [ðə deɪ 'ɑːftə tə'mɒrəʊ]

Che giorno è oggi?	**What day is it today?** [wɒt deɪ ɪz ɪt tə'deɪ?]
Oggi è …	**It's …** [ɪts …]
lunedì	**Monday** ['mʌndɪ]
martedì	**Tuesday** ['tjuːzdi]
mercoledì	**Wednesday** ['wenzdɪ]

giovedì	**Thursday** ['θɜːzdɪ]
venerdì	**Friday** ['fraɪdɪ]
sabato	**Saturday** ['sætədɪ]
domenica	**Sunday** ['sʌndɪ]

Saluti - Presentazione

Salve.	**Hello.** [həˈləʊ]
Lieto di conoscerla.	**Pleased to meet you.** [pliːzd tə miːt ju]
Il piacere è mio.	**Me too.** [miː tuː]
Vi presento ...	**I'd like you to meet ...** [aɪd laɪk ju tə miːt ...]
Molto piacere.	**Nice to meet you.** [naɪs tə miːt ju]
Come sta?	**How are you?** [haʊ ə ju?]
Mi chiamo ...	**My name is ...** [maɪ neɪm ɪz ...]
Si chiama ... (m)	**His name is ...** [hɪz neɪm ɪz ...]
Si chiama ... (f)	**Her name is ...** [hə neɪm ɪz ...]
Come si chiama?	**What's your name?** [wɒts jɔː neɪm?]
Come si chiama lui?	**What's his name?** [wɒts ɪz neɪm?]
Come si chiama lei?	**What's her name?** [wɒts hə neɪm?]
Qual'è il suo cognome?	**What's your last name?** [wɒts jɔː lɑːst neɪm?]
Può chiamarmi ...	**You can call me ...** [ju kən kɔːl miː ...]
Da dove viene?	**Where are you from?** [weər ə ju frɒm?]
Vengo da ...	**I'm from ...** [aɪm frəm ...]
Che lavoro fa?	**What do you do for a living?** [wɒt də ju də fər ə ˈlɪvɪŋ?]
Chi è?	**Who is this?** [huː ɪz ðɪs?]
Chi è lui?	**Who is he?** [huː ɪz hi?]
Chi è lei?	**Who is she?** [huː ɪz ʃi?]
Chi sono loro?	**Who are they?** [huː ə ðeɪ?]

Questo è ...	**This is ...** [ðɪs ɪz ...]
il mio amico	**my friend** [maɪ frend]
la mia amica	**my friend** [maɪ frend]
mio marito	**my husband** [maɪ 'hʌzbənd]
mia moglie	**my wife** [maɪ waɪf]

mio padre	**my father** [maɪ 'fɑːðə]
mia madre	**my mother** [maɪ 'mʌðə]
mio fratello	**my brother** [maɪ 'brʌðə]
mia sorella	**my sister** [maɪ 'sɪstə]
mio figlio	**my son** [maɪ sʌn]
mia figlia	**my daughter** [maɪ 'dɔːtə]

Questo è nostro figlio.	**This is our son.** [ðɪs ɪz 'aʊə sʌn]
Questa è nostra figlia.	**This is our daughter.** [ðɪs ɪz 'aʊə 'dɔːtə]
Questi sono i miei figli.	**These are my children.** [ðiːz ə maɪ 'tʃɪldrən]
Questi sono i nostri figli.	**These are our children.** [ðiːz ə 'aʊə 'tʃɪldrən]

Saluti di commiato

Arrivederci!	**Good bye!** [gʊd baɪ!]
Ciao!	**Bye!** [baɪ!]
A domani.	**See you tomorrow.** [si: ju tə'mɒrəʊ]
A presto.	**See you soon.** [si: ju su:n]
Ci vediamo alle sette.	**See you at seven.** [si: ju ət sevn]
Divertitevi!	**Have fun!** [hɛv fʌn!]
Ci sentiamo più tardi.	**Talk to you later.** [tɔ:k tə ju 'leɪtə]
Buon fine settimana.	**Have a nice weekend.** [hɛv ə naɪs wi:k'end]
Buona notte	**Good night.** [gʊd naɪt]
Adesso devo andare.	**It's time for me to go.** [ɪts taɪm fə mi: tə gəʊ]
Devo andare.	**I have to go.** [aɪ hɛv tə gəʊ]
Torno subito.	**I will be right back.** [aɪ wɪl bi raɪt bæk]
È tardi.	**It's late.** [ɪts leɪt]
Domani devo alzarmi presto.	**I have to get up early.** [aɪ hɛv tə get 'ʌp 'ɜ:li]
Parto domani.	**I'm leaving tomorrow.** [aɪm 'li:vɪŋ tə'mɒrəʊ]
Partiamo domani.	**We're leaving tomorrow.** [wɪə 'li:vɪŋ tə'mɒrəʊ]
Buon viaggio!	**Have a nice trip!** [hɛv ə naɪs trɪp!]
È stato un piacere conoscerla.	**It was nice meeting you.** [ɪt wəz naɪs 'mi:tɪŋ ju]
È stato un piacere parlare con lei.	**It was nice talking to you.** [ɪt wəz naɪs 'tɔ:kɪŋ tə ju]
Grazie di tutto.	**Thanks for everything.** [θæŋks fər 'evrɪθɪŋ]

Mi sono divertito.	**I had a very good time.** [aɪ həd ə 'veri gʊd taɪm]
Ci siamo divertiti.	**We had a very good time.** [wi həd ə 'veri gʊd taɪm]
È stato straordinario.	**It was really great.** [ɪt wəz 'rɪəli greɪt]
Mi mancherà.	**I'm going to miss you.** [aɪm 'gəʊɪŋ tə mɪs ju]
Ci mancherà.	**We're going to miss you.** [wɪə 'gəʊɪŋ tə mɪs ju]

Buona fortuna!	**Good luck!** [gʊd lʌk!]
Mi saluti …	**Say hi to …** [seɪ haɪ tə …]

Lingua straniera

Non capisco.	**I don't understand.** [aɪ dəʊnt ʌndə'stænd]
Può scriverlo, per favore.	**Write it down, please.** [raɪt ɪt daʊn, pliːz]
Parla ...?	**Do you speak ...?** [də ju spiːk ...?]

Parlo un po' ...	**I speak a little bit of ...** [aɪ spiːk ə lɪtl bɪt əv ...]
inglese	**English** ['ɪŋglɪʃ]
turco	**Turkish** ['tɜːkɪʃ]
arabo	**Arabic** ['ærəbɪk]
francese	**French** [frentʃ]

tedesco	**German** ['dʒɜːmən]
italiano	**Italian** [ɪ'tæljən]
spagnolo	**Spanish** ['spænɪʃ]
portoghese	**Portuguese** [pɔːtʃʊ'giːz]
cinese	**Chinese** [tʃaɪ'niːz]
giapponese	**Japanese** [dʒæpə'niːz]

Può ripetere, per favore.	**Can you repeat that, please.** [kən ju rɪ'piːt ðæt, pliːz]
Capisco.	**I understand.** [aɪ ʌndə'stænd]
Non capisco.	**I don't understand.** [aɪ dəʊnt ʌndə'stænd]
Può parlare più piano, per favore.	**Please speak more slowly.** [pliːz spiːk mɔː 'sləʊli]

È corretto?	**Is that correct?** [ɪz ðət kə'rekt?]
Cos'è questo? (Cosa significa?)	**What is this?** [wɒts ðɪs?]

Chiedere scusa

Mi scusi, per favore.	**Excuse me, please.** [ɪk'skjuːz miː, pliːz]
Mi dispiace.	**I'm sorry.** [aɪm 'sɒri]
Mi dispiace molto.	**I'm really sorry.** [aɪm 'rɪəli 'sɒri]
Mi dispiace, è colpa mia.	**Sorry, it's my fault.** ['sɒri, ɪts maɪ fɔːt]
È stato un mio errore.	**My mistake.** [maɪ mɪ'steɪk]

Posso ...?	**May I ...?** [meɪ aɪ ...?]
Le dispiace se ...?	**Do you mind if I ...?** [də ju maɪnd ɪf aɪ ...?]
Non fa niente.	**It's OK.** [ɪts əʊ'keɪ]
Tutto bene.	**It's all right.** [ɪts ɔːl raɪt]
Non si preoccupi.	**Don't worry about it.** [dəʊnt 'wʌri ə'baʊt ɪt]

Essere d'accordo

Sì.	**Yes.** [jes]
Sì, certo.	**Yes, sure.** [jes, ʃʊə]
Bene.	**OK (Good!)** [əʊ'keɪ (gʊd!)]
Molto bene.	**Very well.** ['veri wel]
Certamente!	**Certainly!** ['sɜːtnli!]
Sono d'accordo.	**I agree.** [aɪ ə'griː]
Esatto.	**That's correct.** [ðæts kə'rekt]
Giusto.	**That's right.** [ðæts raɪt]
Ha ragione.	**You're right.** [jʊə raɪt]
È lo stesso.	**I don't mind.** [aɪ dəʊnt maɪnd]
È assolutamente corretto.	**Absolutely right.** ['æbsəluːtli raɪt]
È possibile.	**It's possible.** [ɪts 'pɒsəbl]
È una buona idea.	**That's a good idea.** [ðæts ə gʊd aɪ'dɪə]
Non posso dire di no.	**I can't say no.** [aɪ kɑːnt 'seɪ nəʊ]
Ne sarei lieto /lieta/.	**I'd be happy to.** [aɪd bi 'hæpi tuː]
Con piacere.	**With pleasure.** [wɪð 'pleʒə]

Diniego. Esprimere incertezza

No.

No.
[nəʊ]

Sicuramente no.

Certainly not.
['sɜːtnli nɒt]

Non sono d'accordo.

I don't agree.
[aɪ dəʊnt ə'griː]

Non penso.

I don't think so.
[aɪ dəʊnt 'θɪŋk 'səʊ]

Non è vero.

It's not true.
[ɪts nɒt truː]

Si sbaglia.

You are wrong.
[ju ə rɒŋ]

Penso che lei si stia sbagliando.

I think you are wrong.
[aɪ θɪŋk ju ə rɒŋ]

Non sono sicuro.

I'm not sure.
[aɪm nɒt ʃʊə]

È impossibile.

It's impossible.
[ɪts ɪm'pɒsəbl]

Assolutamente no!

No way!
[nəʊ 'weɪ!]

Esattamente il contrario!

The exact opposite.
[ði ɪg'zækt 'ɒpəzɪt]

Sono contro.

I'm against it.
[aɪm ə'genst ɪt]

Non m'interessa.

I don't care.
[aɪ dəʊnt 'keə]

Non ne ho idea.

I have no idea.
[aɪ hɛv nəʊ aɪ'dɪə]

Dubito che sia così.

I doubt that.
[aɪ daʊt ðɛt]

Mi dispiace, non posso.

Sorry, I can't.
['sɒri, aɪ kɑːnt]

Mi dispiace, non voglio.

Sorry, I don't want to.
['sɒri, aɪ dəʊnt wɒnt tuː]

Non ne ho bisogno, grazie.

Thank you, but I don't need this.
[θæŋk ju, bət aɪ dəʊnt niːd ðɪs]

È già tardi.

It's late.
[ɪts leɪt]

Devo alzarmi presto.

I have to get up early.
[aɪ hæv tə get 'ʌp 'ɜːli]

Non mi sento bene.

I don't feel well.
[aɪ dəʊnt fiːl wel]

Esprimere gratitude

Grazie.	**Thank you.** [θæŋk ju]
Grazie mille.	**Thank you very much.** [θæŋk ju 'veri 'mʌtʃ]
Le sono riconoscente.	**I really appreciate it.** [aɪ 'rɪəli ə'priːʃieɪt ɪt]
Le sono davvero grato.	**I'm really grateful to you.** [aɪm 'rɪəli 'greɪtfəl tə ju]
Le siamo davvero grati.	**We are really grateful to you.** [wi ə 'rɪəli 'greɪtfəl tə ju]

Grazie per la sua disponibilità.	**Thank you for your time.** [θæŋk ju fə jɔː taɪm]
Grazie di tutto.	**Thanks for everything.** [θæŋks fər 'evrɪθɪŋ]
Grazie per ...	**Thank you for ...** [θæŋk ju fə ...]
il suo aiuto	**your help** [jɔː help]
il bellissimo tempo	**a nice time** [ə naɪs taɪm]

il delizioso pranzo	**a wonderful meal** [ə 'wʌndəfəl miːl]
la bella serata	**a pleasant evening** [ə pleznt 'iːvnɪŋ]
la bella giornata	**a wonderful day** [ə 'wʌndəfəl deɪ]
la splendida gita	**an amazing journey** [ən ə'meɪzɪŋ 'dʒɜːni]

Non c'è di che.	**Don't mention it.** [dəʊnt menʃn ɪt]
Prego.	**You are welcome.** [ju ə 'welkəm]
Con piacere.	**Any time.** ['eni taɪm]
È stato un piacere.	**My pleasure.** [maɪ 'pleʒə]
Non ci pensi neanche.	**Forget it. It's alright.** [fə'get ɪt. its əlraɪt]
Non si preoccupi.	**Don't worry about it.** [dəʊnt 'wʌri ə'baʊt ɪt]

Congratulazioni. Auguri

Congratulazioni!	**Congratulations!** [kəngrætʊ'leɪʃnz!]
Buon compleanno!	**Happy birthday!** ['hæpi 'bɜ:θdeɪ!]
Buon Natale!	**Merry Christmas!** ['meri 'krɪsməs!]
Felice Anno Nuovo!	**Happy New Year!** ['hæpi nju: 'jiə!]
Buona Pasqua!	**Happy Easter!** ['hæpi 'i:stə!]
Felice Hanukkah!	**Happy Hanukkah!** ['hæpi 'hɑ:nəkə!]
Vorrei fare un brindisi.	**I'd like to propose a toast.** [aɪd laɪk tə prə'pəʊz ə təʊst]
Salute!	**Cheers!** [tʃɪəz!]
Beviamo a …!	**Let's drink to …!** [lets drɪŋk tə …!]
Al nostro successo!	**To our success!** [tu 'aʊə sək'ses!]
Al suo successo!	**To your success!** [tə jɔ: sək'ses!]
Buona fortuna!	**Good luck!** [gʊd lʌk!]
Buona giornata!	**Have a nice day!** [hɛv ə naɪs deɪ!]
Buone vacanze!	**Have a good holiday!** [hɛv ə gʊd 'hɒlədeɪ!]
Buon viaggio!	**Have a safe journey!** [hɛv ə seɪf 'dʒɜ:ni!]
Spero guarisca presto!	**I hope you get better soon!** [aɪ həʊp ju get 'betə su:n!]

Socializzare

Perchè è triste?	**Why are you sad?** [waɪ ə ju sæd?]
Sorrida!	**Smile!** [smaɪl!]
È libero stasera?	**Are you free tonight?** [ə ju fri: tə'naɪt?]

Posso offrirle qualcosa da bere?	**May I offer you a drink?** [meɪ aɪ 'ɒfə ju ə drɪŋk?]
Vuole ballare?	**Would you like to dance?** [wʊd ju laɪk tə dɑːns?]
Andiamo al cinema.	**Let's go to the movies.** [lets ɡəʊ tə ðə 'muːvɪz]

Posso invitarla …?	**May I invite you to …?** [meɪ aɪ ɪn'vaɪt ju tə …?]
al ristorante	**a restaurant** [ə 'restrɒnt]
al cinema	**the movies** [ðə 'muːvɪz]
a teatro	**the theater** [ðə 'θiːətə]
a fare una passeggiata	**go for a walk** [ɡəʊ fər ə wɔːk]

A che ora?	**At what time?** [ət wɒt taɪm?]
stasera	**tonight** [tə'naɪt]
alle sei	**at six** [ət sɪks]
alle sette	**at seven** [ət sevn]
alle otto	**at eight** [ət eɪt]
alle nove	**at nine** [ət naɪn]

Le piace qui?	**Do you like it here?** [də ju laɪk ɪt hɪə?]
È qui con qualcuno?	**Are you here with someone?** [ə ju hɪə wɪð 'sʌmwʌn?]
Sono con un amico /una amica/.	**I'm with my friend.** [aɪm wɪð maɪ 'frend]

Sono con i miei amici.

I'm with my friends.
[aɪm wɪð maɪ frendz]

No, sono da solo /sola/.

No, I'm alone.
[nəʊ, aɪm ə'ləʊn]

Hai il ragazzo?

Do you have a boyfriend?
[də ju hɛv ə 'bɔɪfrend?]

Ho il ragazzo.

I have a boyfriend.
[aɪ hɛv ə 'bɔɪfrend]

Hai la ragazza?

Do you have a girlfriend?
[də ju hɛv ə 'gɜːlfrend?]

Ho la ragazza.

I have a girlfriend.
[aɪ hɛv ə 'gɜːlfrend]

Posso rivederti?

Can I see you again?
[kən aɪ siː ju ə'gen?]

Posso chiamarti?

Can I call you?
[kən aɪ kɔːl ju?]

Chiamami.

Call me.
[kɔːl miː]

Qual'è il tuo numero?

What's your number?
[wɒts jɔː 'nʌmbə?]

Mi manchi.

I miss you.
[aɪ mɪs ju]

Ha un bel nome.

You have a beautiful name.
[ju hɛv ə 'bjuːtəfl neɪm]

Ti amo.

I love you.
[aɪ lʌv ju]

Mi vuoi sposare?

Will you marry me?
[wɪl ju 'mæri miː?]

Sta scherzando!

You're kidding!
[jə 'kɪdɪŋ!]

Sto scherzando.

I'm just kidding.
[aɪm dʒəst 'kɪdɪŋ]

Lo dice sul serio?

Are you serious?
[ə ju 'sɪərɪəs?]

Sono serio.

I'm serious.
[aɪm 'sɪərɪəs]

Davvero?!

Really?!
['rɪəli?!]

È incredibile!

It's unbelievable!
[ɪts ʌnbɪ'liːvəbl!]

Non le credo.

I don't believe you.
[aɪ dəʊnt bɪ'liːv ju]

Non posso.

I can't.
[aɪ kɑːnt]

No so.

I don't know.
[aɪ dəʊnt nəʊ]

Non la capisco.

I don't understand you.
[aɪ dəʊnt ʌndə'stænd ju]

Per favore, vada via.

Please go away.
[pli:z gəʊ ə'weɪ]

Mi lasci in pace!

Leave me alone!
[li:v mi: ə'ləʊn!]

Non lo sopporto.

I can't stand him.
[aɪ kɑ:nt stænd hɪm]

Lei è disgustoso!

You are disgusting!
[ju ə dɪs'ɡʌstɪŋ!]

Chiamo la polizia!

I'll call the police!
[aɪl kɔ:l ðə pə'li:s!]

Comunicare impressioni ed emozioni

Mi piace.	**I like it.** [aɪ laɪk ɪt]
Molto carino.	**Very nice.** ['veri naɪs]
È formidabile!	**That's great!** [ðæts 'greɪt!]
Non è male.	**It's not bad.** [ɪts nɒt bæd]

Non mi piace.	**I don't like it.** [aɪ dəʊnt laɪk ɪt]
Non è buono.	**It's not good.** [ɪts nɒt gʊd]
È cattivo.	**It's bad.** [ɪts bæd]
È molto cattivo.	**It's very bad.** [ɪts 'veri bæd]
È disgustoso.	**It's disgusting.** [ɪts dɪs'gʌstɪŋ]

Sono felice.	**I'm happy.** [aɪm 'hæpi]
Sono contento /contenta/.	**I'm content.** [aɪm kən'tent]
Sono innamorato /innamorata/.	**I'm in love.** [aɪm ɪn lʌv]
Sono calmo.	**I'm calm.** [aɪm kɑːm]
Sono annoiato.	**I'm bored.** [aɪm bɔːd]

Sono stanco /stanca/.	**I'm tired.** [aɪm 'taɪəd]
Sono triste.	**I'm sad.** [aɪm sæd]
Sono spaventato.	**I'm frightened.** [aɪm 'fraɪtnd]
Sono arrabbiato /arrabiata/.	**I'm angry.** [aɪm 'æŋgri]
Sono preoccupato /preoccupata/.	**I'm worried.** [aɪm 'wʌrɪd]
Sono nervoso /nervosa/.	**I'm nervous.** [aɪm 'nɜːvəs]

Sono geloso /gelosa/.

I'm jealous.
[aɪm 'dʒeləs]

Sono sorpreso /sorpresa/.

I'm surprised.
[aɪm sə'praɪzd]

Sono perplesso.

I'm perplexed.
[aɪm pə'plekst]

Problemi. Incidenti

Ho un problema.	**I've got a problem.** [aɪv gɒt ə 'prɒbləm]
Abbiamo un problema.	**We've got a problem.** [wiv gɒt ə 'prɒbləm]
Sono perso /persa/.	**I'm lost.** [aɪm lɒst]
Ho perso l'ultimo autobus (treno).	**I missed the last bus (train).** [aɪ mɪst ðə lɑːst bʌs (treɪn)]
Non ho più soldi.	**I don't have any money left.** [aɪ dəʊnt hɛv 'eni 'mʌni left]

Ho perso ...	**I've lost my ...** [aɪv lɒst maɪ ...]
Mi hanno rubato ...	**Someone stole my ...** ['sʌmwʌn stəʊl maɪ ...]
il passaporto	**passport** ['pɑːspɔːt]
il portafoglio	**wallet** ['wɒlɪt]
i documenti	**papers** ['peɪpəz]
il biglietto	**ticket** ['tɪkɪt]

i soldi	**money** ['mʌni]
la borsa	**handbag** ['hændbæg]
la macchina fotografica	**camera** ['kæmərə]
il computer portatile	**laptop** ['læptɒp]
il tablet	**tablet computer** ['tæblɪt kəm'pjuːtə]
il telefono cellulare	**mobile phone** ['məʊbaɪl fəʊn]

Aiuto!	**Help me!** [help miː!]
Che cosa è successo?	**What's happened?** [wɒts 'hæpənd?]
fuoco	**fire** ['faɪə]

sparatoria	**shooting** ['ʃuːtɪŋ]
omicidio	**murder** [a 'mɜːdə]
esplosione	**explosion** [ɪk'spləʊʒn]
rissa	**fight** [a faɪt]

Chiamate la polizia!	**Call the police!** [kɔːl ðə pə'liːs!]
Per favore, faccia presto!	**Please hurry up!** [pliːz 'hʌri ʌp!]
Sto cercando la stazione di polizia.	**I'm looking for the police station.** [aɪm 'lʊkɪŋ fər ðə pə'liːs steɪʃn]
Devo fare una telefonata.	**I need to make a call.** [aɪ niːd tə meɪk ə kɔːl]
Posso usare il suo telefono?	**May I use your phone?** [meɪ aɪ juːz jɔː fəʊn?]

Sono stato /stata/ ...	**I've been ...** [aɪv biːn ...]
aggredito /aggredita/	**mugged** [mʌgd]
derubato /derubata/	**robbed** [rɒbd]
violentata	**raped** [reɪpt]
assalito /assalita/	**attacked** [ə'tækt]

Lei sta bene?	**Are you all right?** [ə ju ɔːl raɪt?]
Ha visto chi è stato?	**Did you see who it was?** [dɪd ju siː huː ɪt wɒz?]
È in grado di riconoscere la persona?	**Would you be able to recognize the person?** [wʊd ju bi eɪbl tə 'rekəgnaɪz ðə 'pɜːsn?]
È sicuro?	**Are you sure?** [ə ju ʃʊə?]

Per favore, si calmi.	**Please calm down.** [pliːz kɑːm daʊn]
Si calmi!	**Take it easy!** [teɪk ɪt 'iːzi!]
Non si preoccupi.	**Don't worry!** [dəʊnt 'wʌri!]
Andrà tutto bene.	**Everything will be fine.** ['evrɪθɪŋ wɪl bi faɪn]
Va tutto bene.	**Everything's all right.** ['evrɪθɪŋz ɔːl raɪt]

Venga qui, per favore.

Come here, please.
[kʌm hɪə, pli:z]

Devo porle qualche domanda.

I have some questions for you.
[aɪ hɛv səm 'kwestʃənz fə ju]

Aspetti un momento, per favore.

Wait a moment, please.
[weɪt ə 'məʊmənt, pli:z]

Ha un documento d'identità?

Do you have any I.D.?
[də ju hɛv 'eni aɪ di:.?]

Grazie. Può andare ora.

Thanks. You can leave now.
[θæŋks. ju kən li:v naʊ]

Mani dietro la testa!

Hands behind your head!
[hændz bɪ'haɪnd jɔ: hed!]

È in arresto!

You're under arrest!
[jər 'ʌndər ə'rest!]

Problemi di salute

Mi può aiutare, per favore.
Please help me.
[pli:z help mi:]

Non mi sento bene.
I don't feel well.
[aɪ dəʊnt fi:l wel]

Mio marito non si sente bene.
My husband doesn't feel well.
[maɪ 'hʌzbənd 'dʌznt fi:l wel]

Mio figlio ...
My son ...
[maɪ sʌn ...]

Mio padre ...
My father ...
[maɪ 'fɑ:ðə ...]

Mia moglie non si sente bene.
My wife doesn't feel well.
[maɪ waɪf 'dʌznt fi:l wel]

Mia figlia ...
My daughter ...
[maɪ 'dɔ:tə ...]

Mia madre ...
My mother ...
[maɪ 'mʌðə ...]

Ho mal di ...
I've got a ...
[aɪv gɒt ə ...]

testa
headache
['hedeɪk]

gola
sore throat
[sɔ: θrəʊt]

pancia
stomach ache
['stʌmək eɪk]

denti
toothache
['tu:θeɪk]

Mi gira la testa.
I feel dizzy.
[aɪ fi:l 'dɪzi]

Ha la febbre. (m)
He has a fever.
[hi həz ə 'fi:və]

Ha la febbre. (f)
She has a fever.
[ʃi həz ə 'fi:və]

Non riesco a respirare.
I can't breathe.
[aɪ kɑ:nt bri:ð]

Mi manca il respiro.
I'm short of breath.
[aɪm ʃɔ:t əv breθ]

Sono asmatico.
I am asthmatic.
[aɪ əm æs'mætɪk]

Sono diabetico /diabetica/.
I am diabetic.
[aɪ əm daɪə'betɪk]

Soffro d'insonnia.	**I can't sleep.** [aɪ kɑːnt sliːp]
intossicazione alimentare	**food poisoning** [fuːd 'pɔɪznɪŋ]

Fa male qui.	**It hurts here.** [ɪt hɜːts hɪə]
Mi aiuti!	**Help me!** [help miː!]
Sono qui!	**I am here!** [aɪ əm hɪə!]
Siamo qui!	**We are here!** [wi ə hɪə!]
Mi tiri fuori di qui!	**Get me out of here!** [get miː aʊt əv hɪə!]
Ho bisogno di un dottore.	**I need a doctor.** [aɪ niːd ə 'dɒktə]
Non riesco a muovermi.	**I can't move.** [aɪ kɑːnt muːv!]
Non riesco a muovere le gambe.	**I can't move my legs.** [aɪ kɑːnt muːv maɪ legz]

Ho una ferita.	**I have a wound.** [aɪ hɛv ə wuːnd]
È grave?	**Is it serious?** [ɪz ɪt 'sɪərɪəs?]
I miei documenti sono in tasca.	**My documents are in my pocket.** [maɪ 'dɒkjuments ər ɪn maɪ 'pɒkɪt]
Si calmi!	**Calm down!** [kɑːm daʊn!]
Posso usare il suo telefono?	**May I use your phone?** [meɪ aɪ juːz jɔː fəʊn?]

Chiamate l'ambulanza!	**Call an ambulance!** [kɔːl ən 'æmbjələns!]
È urgente!	**It's urgent!** [ɪts 'ɜːdʒənt!]
È un'emergenza!	**It's an emergency!** [ɪts ən ɪ'mɜːdʒənsi!]
Per favore, faccia presto!	**Please hurry up!** [pliːz 'hʌri 'ʌp!]
Per favore, chiamate un medico.	**Would you please call a doctor?** [wʊd ju pliːz kɔːl ə 'dɒktə?]
Dov'è l'ospedale?	**Where is the hospital?** [weə ɪz ðə 'hɒspɪtl?]

Come si sente?	**How are you feeling?** [haʊ ə ju 'fiːlɪŋ?]
Sta bene?	**Are you all right?** [ə ju ɔːl raɪt?]
Che cosa è successo?	**What's happened?** [wɒts 'hæpənd?]

Mi sento meglio ora.

I feel better now.
[aɪ fiːl 'betə naʊ]

Va bene.

It's OK.
[ɪts əʊ'keɪ]

Va tutto bene.

It's all right.
[ɪts ɔːl raɪt]

In farmacia

farmacia	**Pharmacy (drugstore)** ['fɑːməsi ('drʌgstɔː)]
farmacia di turno	**24-hour pharmacy** ['twenti fɔːr 'aʊə 'fɑːməsi]
Dov'è la farmacia più vicina?	**Where is the closest pharmacy?** [weə ɪz ðə 'kləʊsɪst 'fɑːməsi?]
È aperta a quest'ora?	**Is it open now?** [ɪz ɪt 'əʊpən naʊ?]
A che ora apre?	**At what time does it open?** [ət wɒt taɪm dəz ɪt 'əʊpən?]
A che ora chiude?	**At what time does it close?** [ət wɒt taɪm dəz ɪt kləʊz?]
È lontana?	**Is it far?** [ɪz ɪt fɑː?]
Posso andarci a piedi?	**Can I get there on foot?** [kən aɪ get ðər ɒn fʊt?]
Può mostrarmi sulla piantina?	**Can you show me on the map?** [kən ju ʃəʊ miː ɒn ðə mæp?]
Per favore, può darmi qualcosa per ...	**Please give me something for ...** [pliːz gɪv miː 'sʌmθɪŋ fə ...]
il mal di testa	**a headache** [ə 'hedeɪk]
la tosse	**a cough** [ə kɒf]
il raffreddore	**a cold** [ə kəʊld]
l'influenza	**the flu** [ðə fluː]
la febbre	**a fever** [ə 'fiːvə]
il mal di stomaco	**a stomach ache** [ə 'stʌmək eɪk]
la nausea	**nausea** ['nɔːsɪə]
la diarrea	**diarrhea** [daɪə'rɪə]
la costipazione	**constipation** [kɒnstɪ'peɪʃn]
mal di schiena	**pain in the back** [peɪn ɪn ðə 'bæk]

dolore al petto	**chest pain** [tʃest peɪn]
fitte al fianco	**side stitch** [saɪd stɪtʃ]
dolori addominali	**abdominal pain** [æb'dɒmɪnəl peɪn]

pastiglia	**pill** [pɪl]
pomata	**ointment, cream** ['ɔɪntmənt, kriːm]
sciroppo	**syrup** ['sɪrəp]
spray	**spray** [sprɛj]
gocce	**drops** [drɒps]

Deve andare in ospedale.	**You need to go to the hospital.** [ju niːd tə gəʊ tə ðə 'hɒspɪtl]
assicurazione sanitaria	**health insurance** [helθ ɪn'ʃʊərəns]
prescrizione	**prescription** [prɪ'skrɪpʃn]
insettifugo	**insect repellant** ['ɪnsekt rɪ'pelənt]
cerotto	**sticking plaster** ['stikiŋ 'plastə]

Il minimo indispensabile

Mi scusi, ...	**Excuse me, ...** [ɪkˈskjuːz miː, ...]
Buongiorno.	**Hello.** [həˈləʊ]
Grazie.	**Thank you.** [θæŋk ju]
Arrivederci.	**Good bye.** [gʊd baɪ]
Sì.	**Yes.** [jes]
No.	**No.** [nəʊ]
Non lo so.	**I don't know.** [aɪ dəʊnt nəʊ]
Dove? | Dove? (~ stai andando?) | Quando?	**Where? | Where to? | When?** [weə? | weə tuː? | wen?]
Ho bisogno di ...	**I need ...** [aɪ niːd ...]
Voglio ...	**I want ...** [aɪ wɒnt ...]
Avete ...?	**Do you have ...?** [də ju hɛv ...?]
C'è un /una/ ... qui?	**Is there a ... here?** [ɪz ðər ə ... hɪə?]
Posso ...?	**May I ...?** [meɪ aɪ ...?]
per favore	**..., please** [..., pliːz]
Sto cercando ...	**I'm looking for ...** [aɪm ˈlʊkɪŋ fə ...]
il bagno	**restroom** [ˈrestruːm]
un bancomat	**ATM** [eɪtiːˈem]
una farmacia	**pharmacy, drugstore** [ˈfɑːməsi, ˈdrʌgstɔː]
un ospedale	**hospital** [ˈhɒspɪtl]
la stazione di polizia	**police station** [pəˈliːs ˈsteɪʃn]
la metro	**subway** [ˈsʌbweɪ]

un taxi	**taxi** ['tæksi]
la stazione (ferroviaria)	**train station** [treɪn 'steɪʃn]

Mi chiamo ...	**My name is ...** [maɪ 'neɪm ɪz ...]
Come si chiama?	**What's your name?** [wɒts jɔː 'neɪm?]
Mi può aiutare, per favore?	**Could you please help me?** [kəd ju pliːz help miː?]
Ho un problema.	**I've got a problem.** [av gɒt ə 'prɒbləm]
Mi sento male.	**I don't feel well.** [aɪ dəunt fiːl wel]
Chiamate l'ambulanza!	**Call an ambulance!** [kɔːl ən 'æmbjələns!]
Posso fare una telefonata?	**May I make a call?** [meɪ aɪ 'meɪk ə kɔːl?]

Mi dispiace.	**I'm sorry.** [aɪm 'sɒri]
Prego.	**You're welcome.** [juə 'welkəm]

io	**I, me** [aɪ, mi]
tu	**you** [ju]
lui	**he** [hi]
lei	**she** [ʃi]
loro (m)	**they** [ðeɪ]
loro (f)	**they** [ðeɪ]
noi	**we** [wi]
voi	**you** [ju]
Lei	**you** [ju]

ENTRATA	**ENTRANCE** ['entrɑːns]
USCITA	**EXIT** ['eksɪt]
FUORI SERVIZIO	**OUT OF ORDER** [aut əv 'ɔːdə]
CHIUSO	**CLOSED** [kləuzd]

APERTO	**OPEN**
	['əʊpən]
DONNE	**FOR WOMEN**
	[fə 'wɪmɪn]
UOMINI	**FOR MEN**
	[fə men]

VOCABOLARIO SUDDIVISO PER ARGOMENTI

Questa sezione contiene
più di 3.000 termini tra i più
importanti. Il dizionario sarà
un inestimabile aiuto durante
i vostri viaggi all'estero,
in quanto contiene termini
di uso quotidiano che
permetteranno di farvi capire
facilmente.
Il dizionario include un'utile
trascrizione fonetica per ogni
termine straniero

T&P Books Publishing

INDICE DEL DIZIONARIO

T&P Books Publishing

T&P BOOKS

CONCETTI DI BASE

T&P Books Publishing

io	**I, me**	[aɪ], [mi:]
tu	**you**	[juː]
lui	**he**	[hi:]
lei	**she**	[ʃi:]
esso	**it**	[ɪt]
noi	**we**	[wi:]
voi	**you**	[juː]
loro	**they**	[ðeɪ]

2. Saluti. Convenevoli

Salve!	**Hello!**	[həˈləʊ]
Buongiorno!	**Hello!**	[həˈləʊ]
Buongiorno! (la mattina)	**Good morning!**	[gʊd ˈmɔːnɪŋ]
Buon pomeriggio!	**Good afternoon!**	[gʊd ˌɑːftəˈnuːn]
Buonasera!	**Good evening!**	[gʊd ˈiːvnɪŋ]
salutare (vt)	**to say hello**	[tə seɪ həˈləʊ]
Ciao! Salve!	**Hi!**	[haɪ]
saluto (m)	**greeting**	[ˈgriːtɪŋ]
salutare (vt)	**to greet** (vt)	[tə griːt]
Come sta? Come stai?	**How are you?**	[ˌhaʊ ə ˈjuː]
Che c'è di nuovo?	**What's new?**	[ˌwɒts ˈnjuː]
Arrivederci!	**Bye-Bye! Goodbye!**	[baɪ-baɪ], [gʊdˈbaɪ]
A presto!	**See you soon!**	[ˈsiː ju ˌsuːn]
Addio!	**Goodbye!**	[gʊdˈbaɪ]
congedarsi (vr)	**to say goodbye**	[tə seɪ gʊdˈbaɪ]
Ciao! (A presto!)	**So long!**	[ˌsəʊ ˈlɒŋ]
Grazie!	**Thank you!**	[ˈθæŋk juː]
Grazie mille!	**Thank you very much!**	[ˈθæŋk ju ˈveri mʌtʃ]
Prego	**You're welcome.**	[juə ˈwelkəm]
Non c'è di che!	**Don't mention it!**	[ˌdəʊnt ˈmenʃən ɪt]
Scusa! Scusi!	**Excuse me!**	[ɪkˈskjuːz mi:]
scusare (vt)	**to excuse** (vt)	[tə ɪkˈskjuːz]
scusarsi (vr)	**to apologize** (vi)	[tə əˈpɒlədʒaɪz]
Chiedo scusa	**My apologies.**	[maɪ əˈpɒlədʒɪz]

Mi perdoni!	**I'm sorry!**	[aɪm 'sɒrɪ]
Non fa niente	**It's okay!**	[ɪts ˌəʊ'keɪ]
per favore	**please**	[pli:z]
Non dimentichi!	**Don't forget!**	[ˌdəʊnt fə'get]
Certamente!	**Certainly!**	['sɜːtənlɪ]
Certamente no!	**Of course not!**	[əv ˌkɔːs 'nɒt]
D'accordo!	**Okay!**	[ˌəʊ'keɪ]
Basta!	**That's enough!**	[ðæts ɪ'nʌf]

3. Domande

Chi?	**Who?**	[hu:]
Che cosa?	**What?**	[wɒt]
Dove? (in che luogo?)	**Where?**	[weə]
Dove? (~ vai?)	**Where?**	[weə]
Di dove?, Da dove?	**From where?**	[from weə]
Quando?	**When?**	[wen]
Perché?	**Why?**	[waɪ]
(per quale scopo?)		
Per che cosa?	**What for?**	[wɒt fɔ:(r)]
Come?	**How?**	[haʊ]
Quale?	**Which?**	[wɪtʃ]
A chi?	**To whom?**	[tə hu:m]
Di chi?	**About whom?**	[ə'baʊt ˌhu:m]
Di che cosa?	**About what?**	[ə'baʊt ˌwɒt]
Con chi?	**With whom?**	[wɪð 'hu:m]
Quanti?	**How many?**	[ˌhaʊ 'menɪ]
Quanto?	**How much?**	[ˌhaʊ 'mʌtʃ]
Di chi?	**Whose?**	[hu:z]

4. Preposizioni

con (tè ~ il latte)	**with**	[wɪð]
senza	**without**	[wɪ'ðaʊt]
a (andare ~ ...)	**to**	[tu:]
di (parlare ~ ...)	**about**	[ə'baʊt]
prima di ...	**before**	[bɪ'fɔ:(r)]
di fronte a ...	**in front of ...**	[ɪn 'frʌnt əv]
sotto (avv)	**under**	['ʌndə(r)]
sopra (al di ~)	**above**	[ə'bʌv]
su (sul tavolo, ecc.)	**on**	[ɒn]
da, di (via da ..., fuori di ...)	**from**	[from]

di (fatto ~ cartone)	of	[əv]
fra (~ dieci minuti)	in	[ɪn]
attraverso (dall'altra parte)	over	['əʊvə(r)]

5. Parole grammaticali. Avverbi. Parte 1

Dove?	Where?	[weə]
qui (in questo luogo)	here	[hɪə(r)]
lì (in quel luogo)	there	[ðeə(r)]

| da qualche parte (essere ~) | somewhere | ['sʌmweə(r)] |
| da nessuna parte | nowhere | ['nəʊweə(r)] |

| vicino a ... | by | [baɪ] |
| vicino alla finestra | by the window | [baɪ ðə 'wɪndəʊ] |

Dove?	Where?	[weə]
qui (vieni ~)	here	[hɪə(r)]
ci (~ vado stasera)	there	[ðeə(r)]
da qui	from here	[frɒm hɪə(r)]
da lì	from there	[frɒm ðeə(r)]

| vicino, accanto (avv) | close | [kləʊs] |
| lontano (avv) | far | [fɑ:(r)] |

non lontano	not far	[nɒt fɑ:(r)]
sinistro (agg)	left	[left]
a sinistra (rimanere ~)	on the left	[ɒn ðə left]
a sinistra (girare ~)	to the left	[tə ðə left]

destro (agg)	right	[raɪt]
a destra (rimanere ~)	on the right	[ɒn ðə raɪt]
a destra (girare ~)	to the right	[tə ðə raɪt]

davanti	in front	[ɪn frʌnt]
anteriore (agg)	front	[frʌnt]
avanti	ahead	[ə'hed]

dietro (avv)	behind	[bɪ'haɪnd]
da dietro	from behind	[frɒm bɪ'haɪnd]
indietro	back	[bæk]
mezzo (m), centro (m)	middle	['mɪdəl]
in mezzo, al centro	in the middle	[ɪn ðə 'mɪdəl]

di fianco	at the side	[ət ðə saɪd]
dappertutto	everywhere	['evrɪweə(r)]
attorno	around	[ə'raʊnd]
da dentro	from inside	[frɒm ɪn'saɪd]
da qualche parte (andare ~)	somewhere	['sʌmweə(r)]

| dritto (direttamente) | **straight** | [streɪt] |
| indietro | **back** | [bæk] |

| da qualsiasi parte | **from anywhere** | [frɒm 'enɪweə(r)] |
| da qualche posto (veniamo ~) | **from somewhere** | [frɒm 'sʌmweə(r)] |

in primo luogo	**firstly**	['fɜːstlɪ]
in secondo luogo	**secondly**	['sekəndlɪ]
in terzo luogo	**thirdly**	['θɜːdlɪ]

all'improvviso	**suddenly**	['sʌdənlɪ]
all'inizio	**at first**	[ət fɜːst]
per la prima volta	**for the first time**	[fɔː ðə 'fɜːst ˌtaɪm]
molto tempo prima di...	**long before ...**	[lɒŋ bɪ'fɔː(r)]
per sempre	**for good**	[fɔː 'gʊd]

mai	**never**	['nevə(r)]
ancora	**again**	[ə'gen]
adesso	**now**	[naʊ]
spesso (avv)	**often**	['ɒfən]
allora	**then**	[ðen]
urgentemente	**urgently**	['ɜːdʒəntlɪ]
di solito	**usually**	['juːʒəlɪ]

a proposito, ...	**by the way, ...**	[baɪ ðə weɪ]
è possibile	**possibly**	['pɒsəblɪ]
probabilmente	**probably**	['prɒbəblɪ]
forse	**maybe**	['meɪbiː]
inoltre ...	**besides ...**	[bɪ'saɪdz]
ecco perché ...	**that's why ...**	[ðæts waɪ]
nonostante (~ tutto)	**in spite of ...**	[ɪn 'spaɪt əv]
grazie a ...	**thanks to ...**	['θæŋks tuː]

che cosa (pron)	**what**	[wɒt]
che (cong)	**that**	[ðæt]
qualcosa (qualsiasi cosa)	**something**	['sʌmθɪŋ]
qualcosa (le serve ~?)	**anything, something**	['enɪθɪŋ], ['sʌmθɪŋ]
niente	**nothing**	['nʌθɪŋ]

chi (pron)	**who**	[huː]
qualcuno (annuire a ~)	**someone**	['sʌmwʌn]
qualcuno (dipendere da ~)	**somebody**	['sʌmbədɪ]

nessuno	**nobody**	['nəʊbədɪ]
da nessuna parte	**nowhere**	['nəʊweə(r)]
di nessuno	**nobody's**	['nəʊbədɪz]
di qualcuno	**somebody's**	['sʌmbədɪz]
così (era ~ arrabbiato)	**so**	[səʊ]
anche (penso ~ a ...)	**also**	['ɔːlsəʊ]
anche, pure	**too**	[tuː]

6. Parole grammaticali. Avverbi. Parte 2

Perché?	**Why?**	[waɪ]
per qualche ragione	**for some reason**	[fɔ: 'sʌm ˌriːzən]
perché ...	**because ...**	[bɪ'kɒz]
e (cong)	**and**	[ænd]
o (sì ~ no?)	**or**	[ɔ:(r)]
ma (però)	**but**	[bʌt]
per (~ me)	**for**	[fɔ:r]
troppo	**too**	[tu:]
solo (avv)	**only**	['əʊnlɪ]
esattamente	**exactly**	[ɪg'zæktlɪ]
circa (~ 10 dollari)	**about**	[ə'baʊt]
approssimativamente	**approximately**	[ə'prɒksɪmətlɪ]
approssimativo (agg)	**approximate**	[ə'prɒksɪmət]
quasi	**almost**	['ɔ:lməʊst]
resto	**the rest**	[ðə rest]
l'altro (~ libro)	**the other**	[ðə ʌðə(r)]
altro (differente)	**other**	['ʌðə(r)]
ogni (agg)	**each**	[i:tʃ]
qualsiasi (agg)	**any**	['enɪ]
molti	**many**	['menɪ]
molto (avv)	**much**	[mʌtʃ]
molta gente	**many people**	[ˌmenɪ 'pi:pəl]
tutto, tutti	**all**	[ɔ:l]
in cambio di ...	**in return for ...**	[ɪn rɪ'tɜ:n fɔ:]
in cambio	**in exchange**	[ɪn ɪks'tʃeɪndʒ]
a mano (fatto ~)	**by hand**	[baɪ hænd]
poco probabile	**hardly**	['hɑ:dlɪ]
probabilmente	**probably**	['prɒbəblɪ]
apposta	**on purpose**	[ɒn 'pɜ:pəs]
per caso	**by accident**	[baɪ 'æksɪdənt]
molto (avv)	**very**	['verɪ]
per esempio	**for example**	[fɔ:r ɪg'zɑːmpəl]
fra (~ due)	**between**	[bɪ'twi:n]
fra (~ più di due)	**among**	[ə'mʌŋ]
tanto (quantità)	**so much**	[səʊ mʌtʃ]
soprattutto	**especially**	[ɪ'speʃəlɪ]

NUMERI. VARIE

T&P Books Publishing

zero (m)	zero	['zɪərəʊ]
uno	one	[wʌn]
due	two	[tu:]
tre	three	[θri:]
quattro	four	[fɔ:(r)]

cinque	five	[faɪv]
sei	six	[sɪks]
sette	seven	['sevən]
otto	eight	[eɪt]
nove	nine	[naɪn]

dieci	ten	[ten]
undici	eleven	[ɪ'levən]
dodici	twelve	[twelv]
tredici	thirteen	[ˌθɜ:'ti:n]
quattordici	fourteen	[ˌfɔ:'ti:n]

quindici	fifteen	[fɪf'ti:n]
sedici	sixteen	[sɪks'ti:n]
diciassette	seventeen	[ˌsevən'ti:n]
diciotto	eighteen	[ˌeɪ'ti:n]
diciannove	nineteen	[ˌnaɪn'ti:n]

venti	twenty	['twentɪ]
ventuno	twenty-one	['twentɪ ˌwʌn]
ventidue	twenty-two	['twentɪ ˌtu:]
ventitre	twenty-three	['twentɪ ˌθri:]

trenta	thirty	['θɜ:tɪ]
trentuno	thirty-one	['θɜ:tɪ ˌwʌn]
trentadue	thirty-two	['θɜ:tɪ ˌtu:]
trentatre	thirty-three	['θɜ:tɪ ˌθri:]

quaranta	forty	['fɔ:tɪ]
quarantuno	forty-one	['fɔ:tɪˌwʌn]
quarantadue	forty-two	['fɔ:tɪˌtu:]
quarantatre	forty-three	['fɔ:tɪˌθri:]

cinquanta	fifty	['fɪftɪ]
cinquantuno	fifty-one	['fɪftɪ ˌwʌn]
cinquantadue	fifty-two	['fɪftɪ ˌtu:]
cinquantatre	fifty-three	['fɪftɪ ˌθri:]
sessanta	sixty	['sɪkstɪ]

sessantuno	**sixty-one**	['sıkstı ˌwʌn]
sessantadue	**sixty-two**	['sıkstı ˌtu:]
sessantatre	**sixty-three**	['sıkstı ˌθri:]
settanta	**seventy**	['sevəntı]
settantuno	**seventy-one**	['sevəntı ˌwʌn]
settantadue	**seventy-two**	['sevəntı ˌtu:]
settantatre	**seventy-three**	['sevəntı ˌθri:]
ottanta	**eighty**	['eıtı]
ottantuno	**eighty-one**	['eıtı ˌwʌn]
ottantadue	**eighty-two**	['eıtı ˌtu:]
ottantatre	**eighty-three**	['eıtı ˌθri:]
novanta	**ninety**	['naıntı]
novantuno	**ninety-one**	['naıntı ˌwʌn]
novantadue	**ninety-two**	['naıntı ˌtu:]
novantatre	**ninety-three**	['naıntı ˌθri:]

8. Numeri cardinali. Parte 2

cento	**one hundred**	[ˌwʌn 'hʌndrəd]
duecento	**two hundred**	[tu 'hʌndrəd]
trecento	**three hundred**	[θri: 'hʌndrəd]
quattrocento	**four hundred**	[ˌfɔ: 'hʌndrəd]
cinquecento	**five hundred**	[ˌfaıv 'hʌndrəd]
seicento	**six hundred**	[sıks 'hʌndrəd]
settecento	**seven hundred**	['seven 'hʌndrəd]
ottocento	**eight hundred**	[eıt 'hʌndrəd]
novecento	**nine hundred**	[ˌnaın 'hʌndrəd]
mille	**one thousand**	[ˌwʌn 'θaʊzənd]
duemila	**two thousand**	[tu 'θaʊzənd]
tremila	**three thousand**	[θri: 'θaʊzənd]
diecimila	**ten thousand**	[ten 'θaʊzənd]
centomila	**one hundred thousand**	[ˌwʌn 'hʌndrəd 'θaʊzənd]
milione (m)	**million**	['mıljən]
miliardo (m)	**billion**	['bıljən]

9. Numeri ordinali

primo	**first**	[fɜ:st]
secondo	**second**	['sekənd]
terzo	**third**	[θɜ:d]
quarto	**fourth**	[fɔ:θ]
quinto	**fifth**	[fıfθ]
sesto	**sixth**	[sıksθ]

settimo	**seventh**	['sevənθ]
ottavo	**eighth**	[eıtθ]
nono	**ninth**	[naınθ]
decimo	**tenth**	[tenθ]

T&P BOOKS

COLORI.
UNITÀ DI MISURA

T&P Books Publishing

10. Colori

colore (m)	color	['kʌlə(r)]
sfumatura (f)	shade	[ʃeɪd]
tono (m)	hue	[hju:]
arcobaleno (m)	rainbow	['reɪnbəʊ]

bianco (agg)	white	[waɪt]
nero (agg)	black	[blæk]
grigio (agg)	gray	[greɪ]

verde (agg)	green	[gri:n]
giallo (agg)	yellow	['jeləʊ]
rosso (agg)	red	[red]
blu (agg)	blue	[blu:]
azzurro (agg)	light blue	[ˌlaɪt 'blu:]
rosa (agg)	pink	[pɪŋk]
arancione (agg)	orange	['ɒrɪndʒ]
violetto (agg)	violet	['vaɪələt]
marrone (agg)	brown	[braʊn]

d'oro (agg)	golden	['gəʊldən]
argenteo (agg)	silvery	['sɪlvərɪ]
beige (agg)	beige	[beɪʒ]
color crema (agg)	cream	[kri:m]
turchese (agg)	turquoise	['tɜ:kwɔɪz]
rosso ciliegia (agg)	cherry red	['tʃerɪ red]
lilla (agg)	lilac	['laɪlək]
rosso lampone (agg)	crimson	['krɪmzən]

chiaro (agg)	light	[laɪt]
scuro (agg)	dark	[dɑ:k]
vivo, vivido (agg)	bright	[braɪt]

ooloralʊ (àgg)	colored	['kʌləd]
a colori	color	['kʌlə(r)]
bianco e nero (agg)	black-and-white	[blæk ən waɪt]
in tinta unita	plain, one-colored	[pleɪn], [ˌwʌn'kʌləd]
multicolore (agg)	multicolored	['mʌltɪˌkʌləd]

11. Unità di misura

| peso (m) | weight | [weɪt] |
| lunghezza (f) | length | [leŋθ] |

larghezza (f)	width	[wɪdθ]
altezza (f)	height	[haɪt]
profondità (f)	depth	[depθ]
volume (m)	volume	['vɒljuːm]
area (f)	area	['eərɪə]

grammo (m)	gram	[græm]
milligrammo (m)	milligram	['mɪlɪgræm]
chilogrammo (m)	kilogram	['kɪləˌgræm]
tonnellata (f)	ton	[tʌn]
libbra (f)	pound	[paʊnd]
oncia (f)	ounce	[aʊns]

metro (m)	meter	['miːtə(r)]
millimetro (m)	millimeter	['mɪlɪˌmiːtə(r)]
centimetro (m)	centimeter	['sentɪˌmiːtə(r)]
chilometro (m)	kilometer	['kɪləˌmiːtə(r)]
miglio (m)	mile	[maɪl]

pollice (m)	inch	[ɪntʃ]
piede (f)	foot	[fʊt]
iarda (f)	yard	[jɑːd]

metro (m) quadro	square meter	[skweə 'miːtə(r)]
ettaro (m)	hectare	['hekteə(r)]
litro (m)	liter	['liːtə(r)]
grado (m)	degree	[dɪ'griː]
volt (m)	volt	[vəʊlt]
ampere (m)	ampere	['æmpeə(r)]
cavallo vapore (m)	horsepower	['hɔːsˌpaʊə(r)]

quantità (f)	quantity	['kwɒntɪtɪ]
un po' di …	a little bit of …	[ə 'lɪtəl bɪt əv]
metà (f)	half	[hɑːf]
dozzina (f)	dozen	['dʌzən]
pezzo (m)	piece	[piːs]

| dimensione (f) | size | [saɪz] |
| scala (f) (modello in ~) | scale | [skeɪl] |

minimo (agg)	minimal	['mɪnɪməl]
minore (agg)	the smallest	[ðə 'smɔːləst]
medio (agg)	medium	['miːdɪəm]
massimo (agg)	maximal	['mæksɪməl]
maggiore (agg)	the largest	[ðə 'lɑːdʒɪst]

12. Contenitori

| barattolo (m) di vetro | jar | [dʒɑː(r)] |
| latta, lattina (f) | can | [kæn] |

| secchio (m) | bucket | ['bʌkɪt] |
| barile (m), botte (f) | barrel | ['bærəl] |

catino (m)	basin	['beɪsən]
serbatoio (m) (per liquidi)	tank	[tæŋk]
fiaschetta (f)	hip flask	[hɪp flɑːsk]
tanica (f)	jerrycan	['dʒerɪkæn]
cisterna (f)	tank	[tæŋk]

tazza (f)	mug	[mʌg]
tazzina (f) (~ di caffé)	cup	[kʌp]
piattino (m)	saucer	['sɔːsə(r)]
bicchiere (m) (senza stelo)	glass	[glɑːs]
calice (m)	glass	[glɑːs]
casseruola (f)	stock pot	[stɒk pɒt]

| bottiglia (f) | bottle | ['bɒtəl] |
| collo (m) (~ della bottiglia) | neck | [nek] |

caraffa (f)	carafe	[kə'ræf]
brocca (f)	pitcher	['pɪtʃə(r)]
recipiente (m)	vessel	['vesəl]
vaso (m) di coccio	pot	[pɒt]
vaso (m) di fiori	vase	[veɪz]

boccetta (f) (~ di profumo)	bottle	['bɒtəl]
fiala (f)	vial, small bottle	['vaɪəl], [smɔːl 'bɒtəl]
tubetto (m)	tube	[tjuːb]

sacco (m) (~ di patate)	sack	[sæk]
sacchetto (m) (~ di plastica)	bag	[bæg]
pacchetto (m) (~ di sigarette, ecc.)	pack	[pæk]

scatola (f) (~ per scarpe)	box	[bɒks]
cassa (f) (~ di vino, ecc.)	box	[bɒks]
cesta (f)	basket	['bɑːskɪt]

I VERBI PIÙ IMPORTANTI

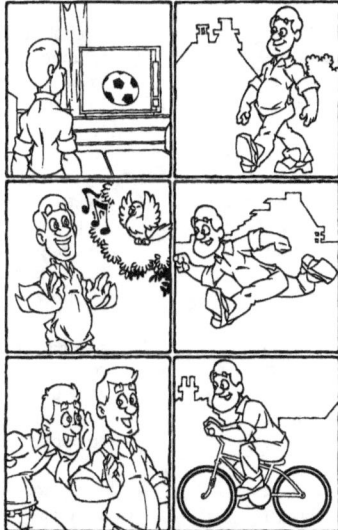

T&P Books Publishing

accorgersi (vr)	**to notice** (vt)	[tə ˈnəʊtɪs]
afferrare (vt)	**to catch** (vt)	[tə kætʃ]
affittare (dare in affitto)	**to rent** (vt)	[tə rent]
aiutare (vt)	**to help** (vt)	[tə help]
amare (qn)	**to love** (vt)	[tə lʌv]
andare (camminare)	**to go** (vi)	[tə gəʊ]
annotare (vt)	**to write down**	[tə ˌraɪt ˈdaʊn]
appartenere (vi)	**to belong to ...**	[tə bɪˈlɒŋ tuː]
aprire (vt)	**to open** (vt)	[tə ˈəʊpən]
arrivare (vi)	**to arrive** (vi)	[tə əˈraɪv]
aspettare (vt)	**to wait** (vt)	[tə weɪt]
avere (vt)	**to have** (vt)	[tə hæv]
avere fame	**to be hungry**	[tə bi ˈhʌŋgrɪ]
avere fretta	**to hurry** (vi)	[tə ˈhʌrɪ]
avere paura	**to be afraid**	[tə bi əˈfreɪd]
avere sete	**to be thirsty**	[tə bi ˈθɜːstɪ]
avvertire (vt)	**to warn** (vt)	[tə wɔːn]
cacciare (vt)	**to hunt** (vi, vt)	[tə hʌnt]
cadere (vi)	**to fall** (vi)	[tə fɔːl]
cambiare (vt)	**to change** (vt)	[tə tʃeɪndʒ]
capire (vt)	**to understand** (vt)	[tə ˌʌndəˈstænd]
cenare (vi)	**to have dinner**	[tə hæv ˈdɪnə(r)]
cercare (vt)	**to look for ...**	[tə lʊk fɔː(r)]
cessare (vt)	**to stop** (vt)	[tə stɒp]
chiedere (~ aiuto)	**to call** (vt)	[tə kɔːl]
chiedere (domandare)	**to ask** (vt)	[tə ɑːsk]
cominciare (vt)	**to begin** (vt)	[tə bɪˈgɪn]
comparare (vt)	**to compare** (vt)	[tə kəmˈpeə(r)]
confondere (vt)	**to confuse, to mix up** (vt)	[tə kənˈfjuːz], [tə mɪks ʌp]
conoscere (qn)	**to know** (vt)	[tə nəʊ]
conservare (vt)	**to keep** (vt)	[tə kiːp]
consigliare (vt)	**to advise** (vt)	[tə ədˈvaɪz]
contare (calcolare)	**to count** (vt)	[tə kaʊnt]
contare su ...	**to count on ...**	[tə kaʊnt ɒn]
continuare (vt)	**to continue** (vt)	[tə kənˈtɪnjuː]
controllare (vt)	**to control** (vt)	[tə kənˈtrəʊl]
correre (vi)	**to run** (vi)	[tə rʌn]

costare (vt)	to cost (vt)	[tə kɒst]
creare (vt)	to create (vt)	[tə kri:'eɪt]
cucinare (vi)	to cook (vt)	[tə kʊk]

14. I verbi più importanti. Parte 2

dare (vt)	to give (vt)	[tə gɪv]
dare un suggerimento	to give a hint	[tə gɪv ə hɪnt]
decorare (adornare)	to decorate (vt)	[tə 'dekəreɪt]
difendere (~ un paese)	to defend (vt)	[tə dɪ'fend]
dimenticare (vt)	to forget (vi, vt)	[tə fə'get]

dire (~ la verità)	to say (vt)	[tə seɪ]
dirigere (compagnia, ecc.)	to run, to manage	[tə rʌn], [tə 'mænɪdʒ]
discutere (vt)	to discuss (vt)	[tə dɪs'kʌs]
domandare (vt)	to ask (vt)	[tə ɑ:sk]
dubitare (vi)	to doubt (vi)	[tə daʊt]

entrare (vi)	to enter (vt)	[tə 'entə(r)]
esigere (vt)	to demand (vt)	[tə dɪ'mɑ:nd]
esistere (vi)	to exist (vi)	[tə ɪg'zɪst]

essere (vi)	to be (vi)	[tə bi:]
essere d'accordo	to agree (vi)	[tə ə'gri:]
fare (vt)	to do (vt)	[tə du:]
fare colazione	to have breakfast	[tə hæv 'brekfəst]

fare il bagno	to go for a swim	[tə gəʊ fɔrə swɪm]
fermarsi (vr)	to stop (vi)	[tə stɒp]
fidarsi (vr)	to trust (vt)	[tə trʌst]
finire (vt)	to finish (vt)	[tə 'fɪnɪʃ]
firmare (~ un documento)	to sign (vt)	[tə saɪn]

giocare (vi)	to play (vi)	[tə pleɪ]
girare (~ a destra)	to turn (vi)	[tə tɜ:n]
gridare (vi)	to shout (vi)	[tə ʃaʊt]
indovinare (vt)	to guess (vt)	[tə ges]
informare (vt)	to inform (vt)	[tə ɪn'fɔ:m]

ingannare (vt)	to deceive (vi, vt)	[tə dɪ'si:v]
insistere (vi)	to insist (vi, vt)	[tə ɪn'sɪst]
insultare (vt)	to insult (vt)	[tə ɪn'sʌlt]
interessarsi di …	to be interested in …	[tə bi 'ɪntrestɪd ɪn]
invitare (vt)	to invite (vt)	[tə ɪn'vaɪt]

lamentarsi (vr)	to complain (vi, vt)	[tə kəm'pleɪn]
lasciar cadere	to drop (vt)	[tə drɒp]
lavorare (vi)	to work (vi)	[tə wɜ:k]
leggere (vi, vt)	to read (vi, vt)	[tə ri:d]
liberare (vt)	to liberate (vt)	[tə 'lɪbəreɪt]

15. I verbi più importanti. Parte 3

mancare le lezioni	**to miss** (vt)	[tə mɪs]
mandare (vt)	**to send** (vt)	[tə send]
menzionare (vt)	**to mention** (vt)	[tə 'menʃən]
minacciare (vt)	**to threaten** (vt)	[tə 'θretən]
mostrare (vt)	**to show** (vt)	[tə ʃəʊ]
nascondere (vt)	**to hide** (vt)	[tə haɪd]
nuotare (vi)	**to swim** (vi)	[tə swɪm]
obiettare (vt)	**to object** (vi, vt)	[tə əb'dʒekt]
occorrere (vimp)	**to be needed**	[tə bi 'niːdɪd]
ordinare (~ il pranzo)	**to order** (vt)	[tə 'ɔːdə(r)]
ordinare (mil.)	**to order** (vi, vt)	[tə 'ɔːdə(r)]
osservare (vt)	**to observe** (vt)	[tə əb'zɜːv]
pagare (vi, vt)	**to pay** (vi, vt)	[tə peɪ]
parlare (vi, vt)	**to speak** (vi, vt)	[tə spiːk]
partecipare (vi)	**to participate** (vi)	[tə pɑː'tɪsɪpeɪt]
pensare (vi, vt)	**to think** (vi, vt)	[tə θɪŋk]
perdonare (vt)	**to forgive** (vt)	[tə fə'gɪv]
permettere (vt)	**to permit** (vt)	[tə pə'mɪt]
piacere (vi)	**to like** (vt)	[tə laɪk]
piangere (vi)	**to cry** (vi)	[tə kraɪ]
pianificare (vt)	**to plan** (vt)	[tə plæn]
possedere (vt)	**to own** (vt)	[tə əʊn]
potere (v aus)	**can** (v aux)	[kæn]
pranzare (vi)	**to have lunch**	[tə hæv lʌntʃ]
preferire (vt)	**to prefer** (vt)	[tə prɪ'fɜː(r)]
pregare (vi, vt)	**to pray** (vi, vt)	[tə preɪ]
prendere (vt)	**to take** (vt)	[tə teɪk]
prevedere (vt)	**to expect** (vt)	[tə ɪk'spekt]
promettere (vt)	**to promise** (vt)	[tə 'prɒmɪs]
pronunciare (vt)	**to pronounce** (vt)	[tə prə'naʊns]
proporre (vt)	**to propose** (vt)	[tə prə'pəʊz]
punire (vt)	**to punish** (vt)	[tə 'pʌnɪʃ]
raccomandare (vt)	**to recommend** (vt)	[tə ˌrekə'mend]
ridere (vi)	**to laugh** (vi)	[tə lɑːf]
rifiutarsi (vr)	**to refuse** (vi, vt)	[tə rɪ'fjuːz]
rincrescere (vi)	**to regret** (vi)	[tə rɪ'gret]
ripetere (ridire)	**to repeat** (vt)	[tə rɪ'piːt]
riservare (vt)	**to reserve, to book**	[tə rɪ'zɜːv], [tə bʊk]
rispondere (vi, vt)	**to answer** (vi, vt)	[tə 'ɑːnsə(r)]
rompere (spaccare)	**to break** (vt)	[tə breɪk]
rubare (~ i soldi)	**to steal** (vt)	[tə stiːl]

16. I verbi più importanti. Parte 4

salvare (~ la vita a qn)	**to save, to rescue**	[tə seɪv], [tə 'reskju:]
sapere (vt)	**to know** (vt)	[tə nəʊ]
sbagliare (vi)	**to make a mistake**	[tə meɪk ə mɪ'steɪk]
scavare (vt)	**to dig** (vt)	[tə dɪg]
scegliere (vt)	**to choose** (vt)	[tə tʃu:z]
scendere (vi)	**to come down**	[tə kʌm daʊn]
scherzare (vi)	**to joke** (vi)	[tə dʒəʊk]
scrivere (vt)	**to write** (vt)	[tə raɪt]
scusare (vt)	**to excuse** (vt)	[tə ɪk'skju:z]
sedersi (vr)	**to sit down** (vi)	[tə sɪt daʊn]
seguire (vt)	**to follow ...**	[tə 'fɒləʊ]
sgridare (vt)	**to scold** (vt)	[tə skəʊld]
significare (vt)	**to mean** (vt)	[tə mi:n]
sorridere (vi)	**to smile** (vi)	[tə smaɪl]
sottovalutare (vt)	**to underestimate** (vt)	[tə ˌʌndə'restɪmeɪt]
sparare (vi, vt)	**to shoot** (vi)	[tə ʃu:t]
sperare (vi, vt)	**to hope** (vi, vt)	[tə həʊp]
spiegare (vt)	**to explain** (vt)	[tə ɪk'spleɪn]
studiare (vt)	**to study** (vt)	[tə 'stʌdɪ]
stupirsi (vr)	**to be surprised**	[tə bi sə'praɪzd]
tacere (vi)	**to keep silent**	[tə ki:p 'saɪlənt]
tentare (vt)	**to try** (vt)	[tə traɪ]
toccare (~ con le mani)	**to touch** (vt)	[tə tʌtʃ]
tradurre (vt)	**to translate** (vt)	[tə træns'leɪt]
trovare (vt)	**to find** (vt)	[tə faɪnd]
uccidere (vt)	**to kill** (vt)	[tə kɪl]
udire (percepire suoni)	**to hear** (vt)	[tə hɪə(r)]
unire (vt)	**to unite** (vt)	[tə ju:'naɪt]
uscire (vi)	**to go out**	[tə gəʊ aʊt]
vantarsi (vr)	**to boast** (vi)	[tə bəʊst]
vedere (vt)	**to see** (vt)	[tə si:]
vendere (vt)	**to sell** (vt)	[tə sel]
volare (vi)	**to fly** (vi)	[tə flaɪ]
volere (desiderare)	**to want** (vt)	[tə wɒnt]

ORARIO. CALENDARIO

T&P Books Publishing

17. Giorni della settimana

lunedì (m)	**Monday**	['mʌndɪ]
martedì (m)	**Tuesday**	['tjuːzdɪ]
mercoledì (m)	**Wednesday**	['wenzdɪ]
giovedì (m)	**Thursday**	['θɜːzdɪ]
venerdì (m)	**Friday**	['fraɪdɪ]
sabato (m)	**Saturday**	['sætədɪ]
domenica (f)	**Sunday**	['sʌndɪ]
oggi (avv)	**today**	[tə'deɪ]
domani	**tomorrow**	[tə'mɒrəʊ]
dopodomani	**the day after tomorrow**	[ðə deɪ 'ɑːftə tə'mɒrəʊ]
ieri (avv)	**yesterday**	['jestədɪ]
l'altro ieri	**the day before yesterday**	[ðə deɪ bɪ'fɔː 'jestədɪ]
giorno (m)	**day**	[deɪ]
giorno (m) lavorativo	**working day**	['wɜːkɪŋ deɪ]
giorno (m) festivo	**public holiday**	['pʌblɪk 'hɒlɪdeɪ]
giorno (m) di riposo	**day off**	[,deɪ'ɒf]
fine (m) settimana	**weekend**	[,wiːk'end]
tutto il giorno	**all day long**	[ɔːl 'deɪ ,lɒŋ]
l'indomani	**the next day**	[ðə nekst deɪ]
due giorni fa	**two days ago**	[tu deɪz ə'gəʊ]
il giorno prima	**the day before**	[ðə deɪ bɪ'fɔː(r)]
quotidiano (agg)	**daily**	['deɪlɪ]
ogni giorno	**every day**	[,evrɪ 'deɪ]
settimana (f)	**week**	[wiːk]
la settimana scorsa	**last week**	[,lɑːst 'wiːk]
la settimana prossima	**next week**	[,nekst 'wiːk]
settimanale (agg)	**weekly**	['wiːklɪ]
ogni settimana	**every week**	[,evrɪ 'wiːk]
due volte alla settimana	**twice a week**	[,twaɪs ə 'wiːk]
ogni martedì	**every Tuesday**	['evrɪ 'tjuːzdɪ]

18. Ore. Giorno e notte

mattina (f)	**morning**	['mɔːnɪŋ]
di mattina	**in the morning**	[ɪn ðə 'mɔːnɪŋ]
mezzogiorno (m)	**noon, midday**	[nuːn], ['mɪddeɪ]
nel pomeriggio	**in the afternoon**	[ɪn ðə ,ɑːftə'nuːn]
sera (f)	**evening**	['iːvnɪŋ]

di sera	in the evening	[ɪn ðɪ 'iːvnɪŋ]
notte (f)	night	[naɪt]
di notte	at night	[ət naɪt]
mezzanotte (f)	midnight	['mɪdnaɪt]
secondo (m)	second	['sekənd]
minuto (m)	minute	['mɪnɪt]
ora (f)	hour	['auə(r)]
mezzora (f)	half an hour	[ˌhɑːf ən 'auə(r)]
un quarto d'ora	a quarter-hour	[ə 'kwɔːtər'auə(r)]
quindici minuti	fifteen minutes	[fɪf'tiːn 'mɪnɪts]
ventiquattro ore	twenty four hours	['twentɪ fɔːr'auəz]
levata (f) del sole	sunrise	['sʌnraɪz]
alba (f)	dawn	[dɔːn]
mattutino (m)	early morning	['ɜːlɪ 'mɔːnɪŋ]
tramonto (m)	sunset	['sʌnset]
di buon mattino	early in the morning	['ɜːlɪ ɪn ðə 'mɔːnɪŋ]
stamattina	this morning	[ðɪs 'mɔːnɪŋ]
domattina	tomorrow morning	[tə'mɒrəu 'mɔːnɪŋ]
oggi pomeriggio	this afternoon	[ðɪs ˌɑːftə'nuːn]
nel pomeriggio	in the afternoon	[ɪn ðə ˌɑːftə'nuːn]
domani pomeriggio	tomorrow afternoon	[tə'mɒrəu ˌɑːftə'nuːn]
stasera	tonight	[tə'naɪt]
domani sera	tomorrow night	[tə'mɒrəu naɪt]
alle tre precise	at 3 o'clock sharp	[ət θriː ə'klɒk ʃɑːp]
verso le quattro	about 4 o'clock	[ə'baut ˌfɔːrə'klɒk]
per le dodici	by 12 o'clock	[baɪ twelv ə'klɒk]
fra venti minuti	in 20 minutes	[ɪn 'twentɪ ˌmɪnɪts]
fra un'ora	in an hour	[ɪn ən 'auə(r)]
puntualmente	on time	[ɒn 'taɪm]
un quarto di ...	a quarter to ...	[ə 'kwɔːtə tə]
entro un'ora	within an hour	[wɪ'ðɪn æn 'auə(r)]
ogni quindici minuti	every 15 minutes	['evrɪ fɪf'tiːn 'mɪnɪts]
giorno e notte	round the clock	['raund ðə ˌklɒk]

19. Mesi. Stagioni

gennaio (m)	January	['dʒænjuərɪ]
febbraio (m)	February	['februərɪ]
marzo (m)	March	[mɑːtʃ]
aprile (m)	April	['eɪprəl]
maggio (m)	May	[meɪ]
giugno (m)	June	[dʒuːn]

luglio (m)	July	[dʒu:'laɪ]
agosto (m)	August	['ɔ:gəst]
settembre (m)	September	[sep'tembə(r)]
ottobre (m)	October	[ɒk'təʊbə(r)]
novembre (m)	November	[nəʊ'vembə(r)]
dicembre (m)	December	[dɪ'sembə(r)]

primavera (f)	spring	[sprɪŋ]
in primavera	in (the) spring	[ɪn (ðə) sprɪŋ]
primaverile (agg)	spring	[sprɪŋ]

estate (f)	summer	['sʌmə(r)]
in estate	in (the) summer	[ɪn (ðə) 'sʌmə(r)]
estivo (agg)	summer	['sʌmə(r)]

autunno (m)	fall	[fɔ:l]
in autunno	in (the) fall	[ɪn (ðə) fɔ:l]
autunnale (agg)	fall	[fɔ:l]

inverno (m)	winter	['wɪntə(r)]
in inverno	in (the) winter	[ɪn (ðə) 'wɪntə(r)]
invernale (agg)	winter	['wɪntə(r)]

mese (m)	month	[mʌnθ]
questo mese	this month	[ðɪs mʌnθ]
il mese prossimo	next month	[ˌnekst 'mʌnθ]
il mese scorso	last month	[ˌlɑ:st 'mʌnθ]

un mese fa	a month ago	[əˌmʌnθ ə'gəʊ]
fra un mese	in a month	[ɪn ə 'mʌnθ]
fra due mesi	in two months	[ɪn ˌtu: 'mʌnθs]
un mese intero	the whole month	[ðə ˌhəʊl 'mʌnθ]
per tutto il mese	all month long	[ɔ:l 'mʌnθ ˌlɒŋ]

mensile (rivista ~)	monthly	['mʌnθlɪ]
mensilmente	monthly	['mʌnθlɪ]
ogni mese	every month	[ˌevrɪ 'mʌnθ]
due volte al mese	twice a month	[ˌtwaɪs ə 'mʌnθ]

anno (m)	year	[jɪə(r)]
quest'anno	this year	[ðɪs jɪə(r)]
l'anno prossimo	next year	[ˌnekst 'jɪə(r)]
l'anno scorso	last year	[ˌlɑ:st 'jɪə(r)]

un anno fa	a year ago	[ə ˌjɪərə'gəʊ]
fra un anno	in a year	[ɪn ə 'jɪə(r)]
fra due anni	in two years	[ɪn ˌtu: 'jɪəz]
un anno intero	the whole year	[ðə ˌhəʊl 'jɪə(r)]
per tutto l'anno	all year long	[ɔ:l 'jɪə ˌlɒŋ]

| ogni anno | every year | [ˌevrɪ 'jɪə(r)] |
| annuale (agg) | annual | ['ænjʊəl] |

annualmente	**annually**	['ænjʊəlɪ]
quattro volte all'anno	**4 times a year**	[fɔ: taɪmz əjɪər]
data (f) (~ di oggi)	**date**	[deɪt]
data (f) (~ di nascita)	**date**	[deɪt]
calendario (m)	**calendar**	['kælɪndə(r)]
mezz'anno (m)	**half a year**	[ˌhɑːf ə 'jɪə(r)]
semestre (m)	**six months**	[sɪks mʌnθs]
stagione (f) (estate, ecc.)	**season**	['siːzən]

T&P BOOKS

VIAGGIO. HOTEL

T&P Books Publishing

20. Escursione. Viaggio

turismo (m)	tourism, travel	['tʊərɪzəm], ['trævəl]
turista (m)	tourist	['tʊərɪst]
viaggio (m) (all'estero)	trip	[trɪp]
avventura (f)	adventure	[əd'ventʃə(r)]
viaggio (m) (corto)	trip, journey	[trɪp], ['dʒɜ:nɪ]
vacanza (f)	vacation	[və'keɪʃən]
essere in vacanza	to be on vacation	[tə bi ɒn və'keɪʃən]
riposo (m)	rest	[rest]
treno (m)	train	[treɪn]
in treno	by train	[baɪ treɪn]
aereo (m)	airplane	['eəpleɪn]
in aereo	by airplane	[baɪ 'eəpleɪn]
in macchina	by car	[baɪ kɑ:(r)]
in nave	by ship	[baɪ ʃɪp]
bagaglio (m)	luggage	['lʌgɪdʒ]
valigia (f)	suitcase	['su:tkeɪs]
carrello (m)	luggage cart	['lʌgɪdʒ kɑ:t]
passaporto (m)	passport	['pɑ:spɔ:t]
visto (m)	visa	['vi:zə]
biglietto (m)	ticket	['tɪkɪt]
biglietto (m) aereo	air ticket	['eə 'tɪkɪt]
guida (f)	guidebook	['gaɪdbʊk]
carta (f) geografica	map	[mæp]
località (f)	area	['eərɪə]
luogo (m)	place, site	[pleɪs], [saɪt]
ogetti (m pl) esotici	exotica	[ɪg'zɒtɪkə]
esotico (agg)	exotic	[ɪg'zɒtɪk]
sorprendente (agg)	amazing	[ə'meɪzɪŋ]
gruppo (m)	group	[gru:p]
escursione (f)	excursion	[ɪk'skɜ:ʃən]
guida (f) (cicerone)	guide	[gaɪd]

21. Hotel

albergo (m)	hotel	[həʊ'tel]
motel (m)	motel	[məʊ'tel]

tre stelle	three-star	[θri: stɑː(r)]
cinque stelle	five-star	[ˌfaɪv 'stɑː(r)]
alloggiare (vi)	to stay (vi)	[tə steɪ]

camera (f)	room	[rʊːm]
camera (f) singola	single room	['sɪŋgəl rʊːm]
camera (f) doppia	double room	['dʌbəl rʊːm]
prenotare una camera	to book a room	[tə bʊk ə rʊːm]

| mezza pensione (f) | half board | [hɑːf bɔːd] |
| pensione (f) completa | full board | [fʊl bɔːd] |

con bagno	with bath	[wɪð bɑːθ]
con doccia	with shower	[wɪð 'ʃaʊə(r)]
televisione (f) satellitare	satellite television	['sætəlaɪt 'telɪˌvɪʒən]
condizionatore (m)	air-conditioner	[eə kən'dɪʃənə]
asciugamano (m)	towel	['taʊəl]
chiave (f)	key	[kiː]

amministratore (m)	administrator	[əd'mɪnɪstreɪtə(r)]
cameriera (f)	chambermaid	['ʧeɪmbəˌmeɪd]
portabagagli (m)	porter, bellboy	['pɔːtə(r)], ['belbɔɪ]
portiere (m)	doorman	['dɔːmən]

ristorante (m)	restaurant	['restrɒnt]
bar (m)	pub, bar	[pʌb], [bɑː(r)]
colazione (f)	breakfast	['brekfəst]
cena (f)	dinner	['dɪnə(r)]
buffet (m)	buffet	[bə'feɪ]

ascensore (m)	elevator	['elɪveɪtə(r)]
NON DISTURBARE	DO NOT DISTURB	[du nɒt dɪ'stɜːb]
VIETATO FUMARE!	NO SMOKING	[nəʊ 'sməʊkɪŋ]

22. Visita turistica

monumento (m)	monument	['mɒnjʊmənt]
fortezza (f)	fortress	['fɔːtrɪs]
palazzo (m)	palace	['pælɪs]
castello (m)	castle	['kɑːsəl]
torre (f)	tower	['taʊə(r)]
mausoleo (m)	mausoleum	[ˌmɔːzə'lɪəm]

architettura (f)	architecture	['ɑːkɪtektʃə(r)]
medievale (agg)	medieval	[ˌmedɪ'iːvəl]
antico (agg)	ancient	['eɪnʃənt]
nazionale (agg)	national	['næʃənəl]
famoso (agg)	famous	['feɪməs]
turista (m)	tourist	['tʊərɪst]
guida (f)	guide	[gaɪd]

escursione (f)	**excursion**	[ɪkˈskɜːʃən]
fare vedere	**to show** (vt)	[tə ʃəʊ]
raccontare (vt)	**to tell** (vt)	[tə tel]
trovare (vt)	**to find** (vt)	[tə faɪnd]
perdersi (vr)	**to get lost**	[tə get lɒst]
mappa (f) (~ della metropolitana)	**map**	[mæp]
piantina (f) (~ della città)	**map**	[mæp]
souvenir (m)	**souvenir, gift**	[ˌsuːvəˈnɪə], [gɪft]
negozio (m) di articoli da regalo	**gift shop**	[ˈgɪftʃɒp]
fare foto	**to take pictures**	[tə ˌteɪk ˈpɪkʧəz]

T&P BOOKS

MEZZI DI TRASPORTO

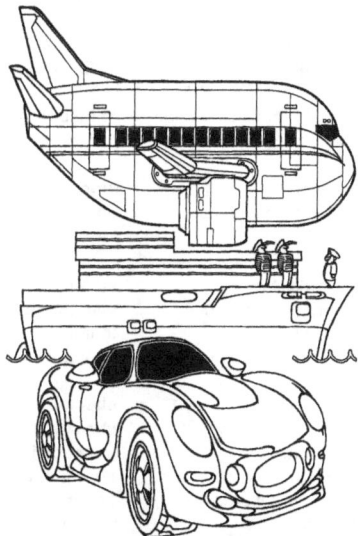

T&P Books Publishing

23. Aeroporto

aeroporto (m)	airport	['eəpɔːt]
aereo (m)	airplane	['eəpleɪn]
compagnia (f) aerea	airline	['eəlaɪn]
controllore (m) di volo	air traffic controller	['eə 'træfɪk kən'trəʊlə]
partenza (f)	departure	[dɪ'pɑːʧə(r)]
arrivo (m)	arrival	[ə'raɪvəl]
arrivare (vi)	to arrive (vi)	[tə ə'raɪv]
ora (f) di partenza	departure time	[dɪ'pɑːʧə ˌtaɪm]
ora (f) di arrivo	arrival time	[ə'raɪvəl taɪm]
essere ritardato	to be delayed	[tə bi dɪ'leɪd]
volo (m) ritardato	flight delay	[flaɪt dɪ'leɪ]
tabellone (m) orari	information board	[ˌɪnfə'meɪʃən bɔːd]
informazione (f)	information	[ˌɪnfə'meɪʃən]
annunciare (vt)	to announce (vt)	[tə ə'naʊns]
volo (m)	flight	[flaɪt]
dogana (f)	customs	['kʌstəmz]
doganiere (m)	customs officer	['kʌstəmz 'ɒfɪsə(r)]
dichiarazione (f)	customs declaration	['kʌstəmz ˌdeklə'reɪʃən]
riempire (~ una dichiarazione)	to fill out (vt)	[tə fɪl 'aʊt]
riempire una dichiarazione	to fill out the declaration	[tə fɪl 'aʊt ðə ˌdeklə'reɪʃən]
controllo (m) passaporti	passport control	['pɑːspɔːt kən'trəʊl]
bagaglio (m)	luggage	['lʌgɪʤ]
bagaglio (m) a mano	hand luggage	['hænd ˌlʌgɪʤ]
carrello (m)	luggage cart	['lʌgɪʤ kɑːt]
atterraggio (m)	landing	['lændɪŋ]
pista (f) di atterraggio	landing strip	['lændɪŋ strɪp]
atterrare (vi)	to land (vi)	[tə lænd]
scaletta (f) dell'aereo	airstairs	[eə'steəz]
check-in (m)	check-in	['ʧek ɪn]
banco (m) del check-in	check-in counter	[ʧek-'ɪn 'kaʊntə(r)]
fare il check-in	to check-in (vi)	[tə ʧek ɪn]
carta (f) d'imbarco	boarding pass	['bɔːdɪŋ pɑːs]
porta (f) d'imbarco	departure gate	[dɪ'pɑːʧə ˌgeɪt]
transito (m)	transit	['trænsɪt]

aspettare (vt)	**to wait** (vt)	[tə weɪt]
sala (f) d'attesa	**departure lounge**	[dɪ'pɑ:ʧə laʊnʤ]

24. Aeroplano

aereo (m)	**airplane**	['eəpleɪn]
biglietto (m) aereo	**air ticket**	['eə 'tɪkɪt]
compagnia (f) aerea	**airline**	['eəlaɪn]
aeroporto (m)	**airport**	['eəpɔ:t]
supersonico (agg)	**supersonic**	[ˌsu:pə'sɒnɪk]
comandante (m)	**captain**	['kæptɪn]
equipaggio (m)	**crew**	[kru:]
pilota (m)	**pilot**	['paɪlət]
hostess (f)	**flight attendant**	[ˌflaɪt ə'tendənt]
navigatore (m)	**navigator**	['nævɪɡeɪtə(r)]
ali (f pl)	**wings**	[wɪŋz]
coda (f)	**tail**	[teɪl]
cabina (f)	**cockpit**	['kɒkpɪt]
motore (m)	**engine**	['enʤɪn]
carrello (m) d'atterraggio	**landing gear**	['lændɪŋ ɡɪə(r)]
turbina (f)	**turbine**	['tɜ:baɪn]
elica (f)	**propeller**	[prə'pelə(r)]
scatola (f) nera	**black box**	[blæk bɒks]
barra (f) di comando	**yoke, control column**	[jəʊk], [kən'trəʊl 'kɒləm]
combustibile (m)	**fuel**	[fjʊəl]
safety card (f)	**safety card**	['seɪftɪ kɑ:d]
maschera (f) ad ossigeno	**oxygen mask**	['ɒksɪʤən mɑ:sk]
uniforme (f)	**uniform**	['ju:nɪfɔ:m]
giubbotto (m) di salvataggio	**life vest**	['laɪf vest]
paracadute (m)	**parachute**	['pærəʃu:t]
decollo (m)	**takeoff**	[teɪkɒf]
decollare (vi)	**to take off** (vi)	[tə teɪk ɒf]
pista (f) di decollo	**runway**	['rʌnˌweɪ]
visibilità (f)	**visibility**	[ˌvɪzɪ'bɪlɪtɪ]
volo (m)	**flight**	[flaɪt]
altitudine (f)	**altitude**	['æltɪtju:d]
vuoto (m) d'aria	**air pocket**	[eə 'pɒkɪt]
posto (m)	**seat**	[si:t]
cuffia (f)	**headphones**	['hedfəʊnz]
tavolinetto (m) pieghevole	**folding tray**	['fəʊldɪŋ treɪ]
oblò (m), finestrino (m)	**window**	['wɪndəʊ]
corridoio (m)	**aisle**	[aɪl]

25. Treno

treno (m)	train	[treɪn]
elettrotreno (m)	commuter train	[kə'mju:tə(r) treɪn]
treno (m) rapido	express train	[ɪk'spres treɪn]
locomotiva (f) diesel	diesel locomotive	['di:zəl ˌləʊkə'məʊtɪv]
locomotiva (f) a vapore	steam locomotive	[sti:m ˌləʊkə'məʊtɪv]
carrozza (f)	passenger car	['pæsɪndʒə kɑ:(r)]
vagone (m) ristorante	dining car	['daɪnɪŋ kɑ:]
rotaie (f pl)	rails	[reɪlz]
ferrovia (f)	railroad	['reɪlrəʊd]
traversa (f)	railway tie	['reɪlweɪ taɪ]
banchina (f) (~ ferroviaria)	platform	['plætfɔ:m]
binario (m) (~ 1, 2)	track	[træk]
semaforo (m)	semaphore	['seməfɔ:(r)]
stazione (f)	station	['steɪʃən]
macchinista (m)	engineer	[ˌendʒɪ'nɪə(r)]
portabagagli (m)	porter	['pɔ:tə(r)]
cuccettista (m, f)	car attendant	[kɑ:(r) ə'tendənt]
passeggero (m)	passenger	['pæsɪndʒə(r)]
controllore (m)	conductor	[kən'dʌktə(r)]
corridoio (m)	corridor	['kɒrɪˌdɔ:(r)]
freno (m) di emergenza	emergency brake	[ɪ'mɜ:dʒənsɪ breɪk]
scompartimento (m)	compartment	[kəm'pɑ:tmənt]
cuccetta (f)	berth	[bɜ:θ]
cuccetta (f) superiore	upper berth	['ʌpə bɜ:θ]
cuccetta (f) inferiore	lower berth	['ləʊə 'bɜ:θ]
biancheria (f) da letto	bed linen, bedding	[bed 'lɪnɪn], ['bedɪŋ]
biglietto (m)	ticket	['tɪkɪt]
orario (m)	schedule	['skedʒʊl]
tabellone (m) orari	information display	[ˌɪnfə'meɪʃən dɪ'spleɪ]
partire (vi)	to leave, to depart	[tə li:v], [tə dɪ'pɑ:t]
partenza (f)	departure	[dɪ'pɑ:tʃə(r)]
arrivare (di un treno)	to arrive (vi)	[tə ə'raɪv]
arrivo (m)	arrival	[ə'raɪvəl]
arrivare con il treno	to arrive by train	[tə ə'raɪv baɪ treɪn]
salire sul treno	to get on the train	[tə ˌget ɒn ðə 'treɪn]
scendere dal treno	to get off the train	[tə ˌget əv ðə 'treɪn]
deragliamento (m)	train wreck	[treɪn rek]
deragliare (vi)	to derail (vi)	[tə dɪ'reɪl]
locomotiva (f) a vapore	steam locomotive	[sti:m ˌləʊkə'məʊtɪv]

fuochista (m)	stoker, fireman	['stəʊkə], ['faɪəmən]
forno (m)	firebox	['faɪəbɒks]
carbone (m)	coal	[kəʊl]

26. Nave

| nave (f) | ship | [ʃɪp] |
| imbarcazione (f) | vessel | ['vesəl] |

piroscafo (m)	steamship	['stiːmʃɪp]
barca (f) fluviale	riverboat	['rɪvəˌbəʊt]
transatlantico (m)	cruise ship	[kruːz ʃɪp]
incrociatore (m)	cruiser	['kruːzə(r)]

yacht (m)	yacht	[jɒt]
rimorchiatore (m)	tugboat	['tʌgbəʊt]
chiatta (f)	barge	[bɑːdʒ]
traghetto (m)	ferry	['ferɪ]

| veliero (m) | sailing ship | ['seɪlɪŋ ʃɪp] |
| brigantino (m) | brigantine | ['brɪgəntiːn] |

| rompighiaccio (m) | ice breaker | ['aɪsˌbreɪkə(r)] |
| sottomarino (m) | submarine | [ˌsʌbmə'riːn] |

barca (f)	boat	[bəʊt]
scialuppa (f)	dinghy	['dɪŋgɪ]
scialuppa (f) di salvataggio	lifeboat	['laɪfbəʊt]
motoscafo (m)	motorboat	['məʊtəbəʊt]

capitano (m)	captain	['kæptɪn]
marittimo (m)	seaman	['siːmən]
marinaio (m)	sailor	['seɪlə(r)]
equipaggio (m)	crew	[kruː]

nostromo (m)	boatswain	['bəʊsən]
mozzo (m) di nave	ship's boy	[ʃɪps bɔɪ]
cuoco (m)	cook	[kʊk]
medico (m) di bordo	ship's doctor	[ʃɪps 'dɒktə(r)]

ponte (m)	deck	[dek]
albero (m)	mast	[mɑːst]
vela (f)	sail	[seɪl]

stiva (f)	hold	[həʊld]
prua (f)	bow	[baʊ]
poppa (f)	stern	[stɜːn]
remo (m)	oar	[ɔː(r)]
elica (f)	propeller	[prə'pelə(r)]
cabina (f)	cabin	['kæbɪn]

quadrato (m) degli ufficiali	**wardroom**	['wɔːdrʊm]
sala (f) macchine	**engine room**	['endʒɪn ˌruːm]
ponte (m) di comando	**bridge**	[brɪdʒ]
cabina (f) radiotelegrafica	**radio room**	['reɪdɪəʊ rʊm]
onda (f)	**wave**	[weɪv]
giornale (m) di bordo	**logbook**	['lɒgbʊk]
cannocchiale (m)	**spyglass**	['spaɪglɑːs]
campana (f)	**bell**	[bel]
bandiera (f)	**flag**	[flæg]
cavo (m) (~ d'ormeggio)	**hawser**	['hɔːzə(r)]
nodo (m)	**knot**	[nɒt]
ringhiera (f)	**deckrails**	['dekreɪlz]
passerella (f)	**gangway**	['gæŋweɪ]
ancora (f)	**anchor**	['æŋkə(r)]
levare l'ancora	**to weigh anchor**	[tə weɪ 'æŋkə(r)]
gettare l'ancora	**to drop anchor**	[tə drɒp 'æŋkə(r)]
catena (f) dell'ancora	**anchor chain**	['æŋkə ˌtʃeɪn]
porto (m)	**port**	[pɔːt]
banchina (f)	**quay, wharf**	[kiː], [wɔːf]
ormeggiarsi (vr)	**to berth, to moor**	[tə bɜːθ], [tə mɔː(r)]
salpare (vi)	**to cast off**	[tə kɑːst ɒf]
viaggio (m)	**trip**	[trɪp]
crociera (f)	**cruise**	[kruːz]
rotta (f)	**course**	[kɔːs]
itinerario (m)	**route**	[raʊt]
tratto (m) navigabile	**fairway**	['feəweɪ]
secca (f)	**shallows**	['ʃæləʊz]
arenarsi (vr)	**to run aground**	[tə rʌn ə'graʊnd]
tempesta (f)	**storm**	[stɔːm]
segnale (m)	**signal**	['sɪgnəl]
affondare (andare a fondo)	**to sink** (vi)	[tə sɪŋk]
Uomo in mare!	**Man overboard!**	[ˌmæn 'əʊvəbɔːd]
SOS	**SOS**	[ˌesəʊ'es]
salvagente (m) anulare	**ring buoy**	[rɪŋ bɔɪ]

T&P BOOKS

CITTÀ

T&P Books Publishing

autobus (m)	**bus**	[bʌs]
tram (m)	**streetcar**	['striːtkɑː(r)]
filobus (m)	**trolley bus**	['trɒlɪbʌs]
itinerario (m)	**route**	[raʊt]
numero (m)	**number**	['nʌmbə(r)]

andare in ...	**to go by ...**	[tə gəʊ baɪ]
salire (~ sull'autobus)	**to get on**	[tə get ɒn]
scendere da ...	**to get off ...**	[tə get ɒf]

fermata (f) (~ dell'autobus)	**stop**	[stɒp]
prossima fermata (f)	**next stop**	[ˌnekst 'stɒp]
capolinea (m)	**terminus**	['tɜːmɪnəs]
orario (m)	**schedule**	['skedʒʊl]
aspettare (vt)	**to wait** (vt)	[tə weɪt]

biglietto (m)	**ticket**	['tɪkɪt]
prezzo (m) del biglietto	**fare**	[feə(r)]
cassiere (m)	**cashier**	[kæ'ʃɪə(r)]
controllo (m) dei biglietti	**ticket inspection**	['tɪkɪt ɪn'spekʃən]
bigliettaio (m)	**ticket inspector**	['tɪkɪt ɪn'spektə(r)]

essere in ritardo	**to be late**	[tə bi 'leɪt]
avere fretta	**to be in a hurry**	[tə bi ɪn ə 'hʌrɪ]

taxi (m)	**taxi, cab**	['tæksɪ], [kæb]
taxista (m)	**taxi driver**	['tæksɪ 'draɪvə(r)]
in taxi	**by taxi**	[baɪ 'tæksɪ]
parcheggio (m) di taxi	**taxi stand**	['tæksɪ stænd]
chiamare un taxi	**to call a taxi**	[tə kɔːl ə 'tæksɪ]
prendere un taxi	**to take a taxi**	[tə ˌteɪk ə 'tæksɪ]

traffico (m)	**traffic**	['træfɪk]
ingorgo (m)	**traffic jam**	['træfɪk dʒæm]
ore (f pl) di punta	**rush hour**	['rʌʃ ˌaʊə(r)]
parcheggiarsi (vr)	**to park** (vi)	[tə pɑːk]
parcheggiare (vt)	**to park** (vt)	[tə pɑːk]
parcheggio (m)	**parking lot**	['pɑːkɪŋ lɒt]

metropolitana (f)	**subway**	['sʌbweɪ]
stazione (f)	**station**	['steɪʃən]
prendere la metropolitana	**to take the subway**	[tə ˌteɪk ðə 'sʌbweɪ]
treno (m)	**train**	[treɪn]
stazione (f) ferroviaria	**train station**	[treɪn 'steɪʃən]

28. Città. Vita di città

città (f)	city, town	['sɪtɪ], [taʊn]
capitale (f)	capital	['kæpɪtəl]
villaggio (m)	village	['vɪlɪʤ]
mappa (f) della città	city map	['sɪtɪˌmæp]
centro (m) della città	downtown	['daʊnˌtaʊn]
sobborgo (m)	suburb	['sʌbɜːb]
suburbano (agg)	suburban	[sə'bɜːbən]
periferia (f)	outskirts	['aʊtskɜːts]
dintorni (m pl)	environs	[ɪn'vaɪərənz]
isolato (m)	city block	['sɪtɪ blɒk]
quartiere residenziale	residential block	[ˌrezɪ'denʃəl blɒk]
traffico (m)	traffic	['træfɪk]
semaforo (m)	traffic lights	['træfɪk laɪts]
trasporti (m pl) urbani	public transportation	['pʌblɪk ˌtrænspɔː'teɪʃən]
incrocio (m)	intersection	[ˌɪntə'sekʃən]
passaggio (m) pedonale	crosswalk	['krɒswɔːk]
sottopassaggio (m)	pedestrian underpass	[pɪ'destrɪən 'ʌndəpɑːs]
attraversare (vt)	to cross (vt)	[tə krɒs]
pedone (m)	pedestrian	[pɪ'destrɪən]
marciapiede (m)	sidewalk	['saɪdwɔːk]
ponte (m)	bridge	[brɪʤ]
banchina (f)	embankment	[ɪm'bæŋkmənt]
vialetto (m)	allée	[ale]
parco (m)	park	[pɑːk]
boulevard (m)	boulevard	['buːləvɑːd]
piazza (f)	square	[skweə(r)]
viale (m), corso (m)	avenue	['ævənjuː]
via (f), strada (f)	street	[striːt]
vicolo (m)	side street	[saɪd striːt]
vicolo (m) cieco	dead end	[ˌded 'end]
casa (f)	house	[haʊs]
edificio (m)	building	['bɪldɪŋ]
grattacielo (m)	skyscraper	['skaɪˌskreɪpə(r)]
facciata (f)	facade	[fə'sɑːd]
tetto (m)	roof	[ruːf]
finestra (f)	window	['wɪndəʊ]
arco (m)	arch	[ɑːʧ]
colonna (f)	column	['kɒləm]
angolo (m)	corner	['kɔːnə(r)]
vetrina (f)	store window	['stɔː ˌwɪndəʊ]
insegna (f) (di negozi, ecc.)	signboard	['saɪnbɔːd]

cartellone (m)	poster	['pəustə(r)]
cartellone (m) pubblicitario	advertising poster	['ædvətaızıŋ 'pəustə(r)]
tabellone (m) pubblicitario	billboard	['bılbɔːd]

pattume (m), spazzatura (f)	garbage, trash	['gɑːbıdʒ], [træʃ]
pattumiera (f)	trash can	['træʃkæn]
sporcare (vi)	to litter (vi)	[tə 'lıtə(r)]
discarica (f) di rifiuti	garbage dump	['gɑːbıdʒ dʌmp]

cabina (f) telefonica	phone booth	['fəun ˌbuːð]
lampione (m)	street light	['striːt laıt]
panchina (f)	bench	[bentʃ]

poliziotto (m)	police officer	[pə'liːs 'ɒfısə(r)]
polizia (f)	police	[pə'liːs]
mendicante (m)	beggar	['begə(r)]
barbone (m)	homeless	['həumlıs]

29. Servizi cittadini

negozio (m)	store	[stɔː(r)]
farmacia (f)	drugstore, pharmacy	['drʌgstɔː(r)], ['fɑːməsı]
ottica (f)	eyeglass store	['aıglɑːs stɔː(r)]
centro (m) commerciale	shopping mall	['ʃɒpıŋ mɔːl]
supermercato (m)	supermarket	['suːpəˌmɑːkıt]

panetteria (f)	bakery	['beıkərı]
fornaio (m)	baker	['beıkə(r)]
pasticceria (f)	pastry shop	['peıstrı ʃɒp]
drogheria (f)	grocery store	['grəusərı stɔː(r)]
macelleria (f)	butcher shop	['butʃəzʃɒp]

| fruttivendolo (m) | produce store | ['prɒdjuːs stɔː] |
| mercato (m) | market | ['mɑːkıt] |

caffè (m)	coffee house	['kɒfı ˌhaus]
ristorante (m)	restaurant	['restrɒnt]
birreria (f), pub (m)	pub, bar	[pʌb], [hɑˑ(r)]
pizzeria (f)	pizzeria	[ˌpiːtsə'rıə]

salone (m) di parrucchiere	hair salon	['heə 'sælɒn]
ufficio (m) postale	post office	[pəust 'ɒfıs]
lavanderia (f) a secco	dry cleaners	[ˌdraı 'kliːnəz]
studio (m) fotografico	photo studio	['fəutəu 'stjuːdıəu]

negozio (m) di scarpe	shoe store	['ʃuː stɔː(r)]
libreria (f)	bookstore	['bukstɔː(r)]
negozio (m) sportivo	sporting goods store	['spɔːtıŋ gudz stɔː(r)]
riparazione (f) di abiti	clothes repair shop	[kləuðz rı'peə(r) ʃɒp]
noleggio (m) di abiti	formal wear rental	['fɔːməl weə 'rentəl]

noleggio (m) di film	video rental store	['vɪdɪəʊ 'rentəl stɔ:]
circo (m)	circus	['sɜ:kəs]
zoo (m)	zoo	[zu:]
cinema (m)	movie theater	['mu:vɪ 'θɪətə(r)]
museo (m)	museum	[mju:'zi:əm]
biblioteca (f)	library	['laɪbrərɪ]

teatro (m)	theater	['θɪətə(r)]
teatro (m) dell'opera	opera	['ɒpərə]
locale notturno (m)	nightclub	[naɪt klʌb]
casinò (m)	casino	[kə'si:nəʊ]

moschea (f)	mosque	[mɒsk]
sinagoga (f)	synagogue	['sɪnəgɒg]
cattedrale (f)	cathedral	[kə'θi:drəl]
tempio (m)	temple	['tempəl]
chiesa (f)	church	[tʃɜ:tʃ]

istituto (m)	college	['kɒlɪdʒ]
università (f)	university	[ˌju:nɪ'vɜ:sətɪ]
scuola (f)	school	[sku:l]

prefettura (f)	prefecture	['pri:fek,tjʊə(r)]
municipio (m)	city hall	['sɪtɪ ˌhɔ:l]
albergo, hotel (m)	hotel	[həʊ'tel]
banca (f)	bank	[bæŋk]

ambasciata (f)	embassy	['embəsɪ]
agenzia (f) di viaggi	travel agency	['trævəl 'eɪdʒənsɪ]
ufficio (m) informazioni	information office	[ˌɪnfə'meɪʃən 'ɒfɪs]
ufficio (m) dei cambi	currency exchange	['kʌrənsɪ ɪks'tʃeɪndʒ]

| metropolitana (f) | subway | ['sʌbweɪ] |
| ospedale (m) | hospital | ['hɒspɪtəl] |

| distributore (m) di benzina | gas station | [gæs 'steɪʃən] |
| parcheggio (m) | parking lot | ['pɑ:kɪŋ lɒt] |

30. Cartelli

insegna (f) (di negozi, ecc.)	signboard	['saɪnbɔ:d]
iscrizione (f)	notice	['nəʊtɪs]
cartellone (m)	poster	['pəʊstə(r)]
segnale (m) di direzione	direction sign	[dɪ'rekʃən saɪn]
freccia (f)	arrow	['ærəʊ]

avvertimento (m)	caution	['kɔ:ʃən]
avviso (m)	warning sign	['wɔ:nɪŋ saɪn]
avvertire, avvisare (vt)	to warn (vt)	[tə wɔ:n]
giorno (m) di riposo	rest day	[rest deɪ]

| orario (m) | timetable | ['taɪmˌteɪbəl] |
| orario (m) di apertura | opening hours | ['əʊpənɪŋ ˌaʊəz] |

BENVENUTI!	WELCOME!	['welkəm]
ENTRATA	ENTRANCE	['entrəns]
USCITA	EXIT	['eksɪt]

SPINGERE	PUSH	[pʊʃ]
TIRARE	PULL	[pʊl]
APERTO	OPEN	['əʊpən]
CHIUSO	CLOSED	[kləʊzd]

| DONNE | WOMEN | ['wɪmɪn] |
| UOMINI | MEN | ['men] |

SCONTI	DISCOUNTS	['dɪskaʊnts]
SALDI	SALE	[seɪl]
NOVITÀ!	NEW!	[njuː]
GRATIS	FREE	[friː]

ATTENZIONE!	ATTENTION!	[ə'tenʃən]
COMPLETO	NO VACANCIES	[nəʊ 'veɪkənsɪz]
RISERVATO	RESERVED	[rɪ'zɜːvd]

| AMMINISTRAZIONE | ADMINISTRATION | [ədˌmɪnɪ'streɪʃən] |
| RISERVATO AL PERSONALE | STAFF ONLY | [stɑːf 'əʊnlɪ] |

ATTENTI AL CANE	BEWARE OF THE DOG!	[bɪ'weə əv ðə ˌdɒg]
VIETATO FUMARE!	NO SMOKING	[nəʊ 'sməʊkɪŋ]
NON TOCCARE	DO NOT TOUCH!	[də nɒt 'tʌtʃ]

PERICOLOSO	DANGEROUS	['deɪndʒərəs]
PERICOLO	DANGER	['deɪndʒə(r)]
ALTA TENSIONE	HIGH VOLTAGE	[haɪ 'vəʊltɪdʒ]
DIVIETO DI BALNEAZIONE	NO SWIMMING!	[nəʊ 'swɪmɪŋ]
GUASTO	OUT OF ORDER	[ˌaʊt əv 'ɔːdə(r)]

INFIAMMABILE	FLAMMABLE	['flæməbəl]
VIETATO	FORBIDDEN	[fə'bɪdən]
VIETATO L'INGRESSO	NO TRESPASSING!	[nəʊ 'trespəsɪŋ]
VERNICE FRESCA	WET PAINT	[wet peɪnt]

31. Acquisti

comprare (vt)	to buy (vt)	[tə baɪ]
acquisto (m)	purchase	['pɜːtʃəs]
fare acquisti	to go shopping	[tə gəʊ 'ʃɒpɪŋ]
shopping (m)	shopping	['ʃɒpɪŋ]

essere aperto (negozio)	**to be open**	[tə bi 'əʊpən]
essere chiuso	**to be closed**	[tə bi kləʊzd]
calzature (f pl)	**footwear, shoes**	['fʊtweə(r)], [ʃuːz]
abbigliamento (m)	**clothes, clothing**	[kləʊðz], ['kləʊðɪŋ]
cosmetica (f)	**cosmetics**	[kɒz'metɪks]
alimentari (m pl)	**food products**	[fuːd 'prɒdʌkts]
regalo (m)	**gift, present**	[gɪft], ['prezənt]
commesso (m)	**salesman**	['seɪlzmən]
commessa (f)	**saleswoman**	['seɪlzˌwʊmən]
cassa (f)	**check out, cash desk**	[tʃek aʊt], [kæʃ desk]
specchio (m)	**mirror**	['mɪrə(r)]
banco (m)	**counter**	['kaʊntə(r)]
camerino (m)	**fitting room**	['fɪtɪŋ ˌrum]
provare (~ un vestito)	**to try on** (vt)	[tə ˌtraɪ 'ɒn]
stare bene (vestito)	**to fit** (vt)	[tə fɪt]
piacere (vi)	**to like** (vt)	[tə laɪk]
prezzo (m)	**price**	[praɪs]
etichetta (f) del prezzo	**price tag**	['praɪs tæg]
costare (vt)	**to cost** (vt)	[tə kɒst]
Quanto?	**How much?**	[ˌhaʊ 'mʌtʃ]
sconto (m)	**discount**	['dɪskaʊnt]
no muy caro (agg)	**inexpensive**	[ˌɪnɪk'spensɪv]
a buon mercato	**cheap**	[tʃiːp]
caro (agg)	**expensive**	[ɪk'spensɪv]
È caro	**It's expensive**	[ɪts ɪk'spensɪv]
noleggio (m)	**rental**	['rentəl]
noleggiare (~ un abito)	**to rent** (vt)	[tə rent]
credito (m)	**credit**	['kredɪt]
a credito	**on credit**	[ɒn 'kredɪt]

T&P BOOKS

ABBIGLIAMENTO E ACCESSORI

T&P Books Publishing

32. Indumenti. Soprabiti

vestiti (m pl)	clothes	[kləʊðz]
soprabito (m)	outerwear	['aʊtəweə(r)]
abiti (m pl) invernali	winter clothing	['wɪntə 'kləʊðɪŋ]
cappotto (m)	coat, overcoat	[kəʊt], ['əʊvəkəʊt]
pelliccia (f)	fur coat	['fɜː ˌkəʊt]
pellicciotto (m)	fur jacket	['fɜː 'dʒækɪt]
piumino (m)	down coat	['daʊn ˌkəʊt]
giubbotto (m), giaccha (f)	jacket	['dʒækɪt]
impermeabile (m)	raincoat	['reɪnkəʊt]
impermeabile (agg)	waterproof	['wɔːtəpruːf]

33. Abbigliamento uomo e donna

camicia (f)	shirt	[ʃɜːt]
pantaloni (m pl)	pants	[pænts]
jeans (m pl)	jeans	[dʒiːnz]
giacca (f) (~ di tweed)	jacket	['dʒækɪt]
abito (m) da uomo	suit	[suːt]
abito (m)	dress	[dres]
gonna (f)	skirt	[skɜːt]
camicetta (f)	blouse	[blaʊz]
giacca (f) a maglia	knitted jacket	['nɪtɪd 'dʒækɪt]
giacca (f) tailleur	jacket	['dʒækɪt]
maglietta (f)	T-shirt	['tiː ˌʃɜːt]
pantaloni (m pl) corti	shorts	[ʃɔːts]
tuta (f) sportiva	tracksuit	['træksuːt]
accappatoio (m)	bathrobe	['bɑːθrəʊb]
pigiama (m)	pajamas	[pə'dʒɑːməz]
maglione (m)	sweater	['swetə(r)]
pullover (m)	pullover	['pʊlˌəʊvə(r)]
gilè (m)	vest	[vest]
frac (m)	tailcoat	[ˌteɪl'kəʊt]
smoking (m)	tuxedo	[tʌk'siːdəʊ]
uniforme (f)	uniform	['juːnɪfɔːm]
tuta (f) da lavoro	workwear	[wɜːkweə(r)]

salopette (f)	**overalls**	['əuvərɔːlz]
camice (m) (~ del dottore)	**coat**	[kəut]

34. Abbigliamento. Biancheria intima

biancheria (f) intima	**underwear**	['ʌndəweə(r)]
maglietta (f) intima	**undershirt**	['ʌndəʃɜːt]
calzini (m pl)	**socks**	[sɒks]
camicia (f) da notte	**nightdress**	['naɪtdres]
reggiseno (m)	**bra**	[brɑː]
calzini (m pl) alti	**knee highs**	['niː ˌhaɪs]
collant (m)	**pantyhose**	['pæntɪhəuz]
calze (f pl)	**stockings**	['stɒkɪŋz]
costume (m) da bagno	**bathing suit**	['beɪðɪŋ suːt]

35. Copricapo

cappello (m)	**hat**	[hæt]
cappello (m) di feltro	**fedora**	[fɪ'dɔːrə]
cappello (m) da baseball	**baseball cap**	['beɪsbɔːl kæp]
coppola (f)	**flatcap**	[flæt kæp]
basco (m)	**beret**	['bereɪ]
cappuccio (m)	**hood**	[hʊd]
panama (m)	**panama**	['pænəmɑː]
berretto (m) a maglia	**knit cap, knitted hat**	[nɪt kæp], ['nɪtɪdˌhæt]
fazzoletto (m) da capo	**headscarf**	['hedskɑːf]
cappellino (m) donna	**women's hat**	['wɪmɪns hæt]
casco (m) (~ di sicurezza)	**hard hat**	[hɑːd hæt]
bustina (f)	**garrison cap**	['gærɪsən kæp]
casco (m) (~ moto)	**helmet**	['helmɪt]
bombetta (f)	**derby**	['dɜːbɪ]
cilindro (m)	**top hat**	[tɒp hæt]

36. Calzature

calzature (f pl)	**footwear**	['fʊtweə(r)]
stivaletti (m pl)	**shoes**	[ʃuːz]
scarpe (f pl)	**shoes**	[ʃuːz]
stivali (m pl)	**boots**	[buːts]
pantofole (f pl)	**slippers**	['slɪpəz]
scarpe (f pl) da tennis	**tennis shoes**	['tenɪsʃuːz]

scarpe (f pl) da ginnastica	sneakers	['sni:kəz]
sandali (m pl)	sandals	['sændəlz]
calzolaio (m)	cobbler, shoe repairer	['kɒblə(r)], [ʃu: rɪ'peərə(r)]
tacco (m)	heel	[hi:l]
paio (m)	pair	[peə(r)]
laccio (m)	shoestring	['ʃu:strɪŋ]
allacciare (vt)	to lace (vt)	[tə leɪs]
calzascarpe (m)	shoehorn	['ʃu:hɔ:n]
lucido (m) per le scarpe	shoe polish	[ʃu: 'pɒlɪʃ]

37. Accessori personali

guanti (m pl)	gloves	[glʌvz]
manopole (f pl)	mittens	['mɪtənz]
sciarpa (f)	scarf	[skɑ:f]
occhiali (m pl)	glasses	[glɑ:sɪz]
montatura (f)	frame	[freɪm]
ombrello (m)	umbrella	[ʌm'brelə]
bastone (m)	walking stick	['wɔ:kɪŋ stɪk]
spazzola (f) per capelli	hairbrush	['heəbrʌʃ]
ventaglio (m)	fan	[fæn]
cravatta (f)	tie	[taɪ]
cravatta (f) a farfalla	bow tie	[bəʊ taɪ]
bretelle (f pl)	suspenders	[sə'spendəz]
fazzoletto (m)	handkerchief	['hæŋkətʃɪf]
pettine (m)	comb	[kəʊm]
fermaglio (m)	barrette	[bə'ret]
forcina (f)	hairpin	['heəpɪn]
fibbia (f)	buckle	['bʌkəl]
cintura (f)	belt	[belt]
spallina (f)	shoulder strap	['ʃəʊldə stræp]
borsa (f)	bag	[hæg]
borsetta (f)	purse	[pɜ:s]
zaino (m)	backpack	['bækpæk]

38. Abbigliamento. Varie

moda (f)	fashion	['fæʃən]
di moda	in vogue	[ɪn vəʊg]
stilista (m)	fashion designer	['fæʃən dɪ'zaɪnə(r)]
collo (m)	collar	['kɒlə(r)]

tasca (f)	pocket	['pɒkɪt]
tascabile (agg)	pocket	['pɒkɪt]
manica (f)	sleeve	[sli:v]
asola (f) per appendere	hanging loop	['hæŋɪŋ lu:p]
patta (f) (~ dei pantaloni)	fly	[flaɪ]

cerniera (f) lampo	zipper	['zɪpə(r)]
chiusura (f)	fastener	['fɑ:sənə(r)]
bottone (m)	button	['bʌtən]
occhiello (m)	buttonhole	['bʌtənhəʊl]
staccarsi (un bottone)	to come off	[tə kʌm ɒf]

cucire (vi, vt)	to sew (vi, vt)	[tə səʊ]
ricamare (vi, vt)	to embroider (vi, vt)	[tə ɪm'brɔɪdə(r)]
ricamo (m)	embroidery	[ɪm'brɔɪdərɪ]
ago (m)	sewing needle	['səʊɪŋ 'ni:dəl]
filo (m)	thread	[θred]
cucitura (f)	seam	[si:m]

sporcarsi (vr)	to get dirty (vi)	[tə get 'dɜ:tɪ]
macchia (f)	stain	[steɪn]
sgualcirsi (vr)	to crease, crumple (vi)	[tə kri:s], ['krʌmpəl]
strappare (vt)	to tear, to rip (vt)	[tə teər], [tə rɪp]
tarma (f)	clothes moth	[kləʊðz mɒθ]

39. Cura della persona. Cosmetici

dentifricio (m)	toothpaste	['tu:θpeɪst]
spazzolino (m) da denti	toothbrush	['tu:θbrʌʃ]
lavarsi i denti	to brush one's teeth	[tə brʌʃ wʌns 'ti:θ]

rasoio (m)	razor	['reɪzə(r)]
crema (f) da barba	shaving cream	['ʃeɪvɪŋ ˌkri:m]
rasarsi (vr)	to shave (vi)	[tə ʃeɪv]

| sapone (m) | soap | [səʊp] |
| shampoo (m) | shampoo | [ʃæm'pu:] |

forbici (f pl)	scissors	['sɪzəz]
limetta (f)	nail file	['neɪl ˌfaɪl]
tagliaunghie (m)	nail clippers	[neɪl 'klɪpərz]
pinzette (f pl)	tweezers	['twi:zəz]

cosmetica (f)	cosmetics	[kɒz'metɪks]
maschera (f) di bellezza	face mask	[feɪs mɑ:sk]
manicure (m)	manicure	['mænɪˌkjʊə(r)]
fare la manicure	to have a manicure	[tə hævə 'mænɪˌkjʊə]
pedicure (m)	pedicure	['pedɪˌkjʊə(r)]
borsa (f) del trucco	make-up bag	['meɪk ʌp ˌbæg]
cipria (f)	face powder	[feɪs 'paʊdə(r)]

| portacipria (m) | powder compact | ['paʊdə 'kɒmpækt] |
| fard (m) | blusher | ['blʌʃə(r)] |

profumo (m)	perfume	['pɜ:fju:m]
acqua (f) da toeletta	toilet water	['tɔɪlɪt 'wɔ:tə(r)]
lozione (f)	lotion	['ləʊʃən]
acqua (f) di Colonia	cologne	[kə'ləʊn]

ombretto (m)	eyeshadow	['aɪʃædəʊ]
eyeliner (m)	eyeliner	['aɪˌlaɪnə(r)]
mascara (m)	mascara	[mæs'kɑːrə]

rossetto (m)	lipstick	['lɪpstɪk]
smalto (m)	nail polish	['neɪl ˌpɒlɪʃ]
lacca (f) per capelli	hair spray	['heəspreɪ]
deodorante (m)	deodorant	[di:'əʊdərənt]

crema (f)	cream	[kri:m]
crema (f) per il viso	face cream	['feɪs ˌkri:m]
crema (f) per le mani	hand cream	['hændˌkri:m]
crema (f) antirughe	anti-wrinkle cream	['æntɪ 'rɪŋkəl kri:m]
crema (f) da giorno	day cream	['deɪ ˌkri:m]
crema (f) da notte	night cream	['naɪt ˌkri:m]

tampone (m)	tampon	['tæmpɒn]
carta (f) igienica	toilet paper	['tɔɪlɪt 'peɪpə(r)]
fon (m)	hair dryer	['heəˌdraɪə(r)]

40. Orologi da polso. Orologio

orologio (m) (~ da polso)	watch	[wɒtʃ]
quadrante (m)	dial	['daɪəl]
lancetta (f)	hand	[hænd]
braccialetto (m)	bracelet	['breɪslɪt]
cinturino (m)	watch strap	[wɒtʃ stræp]

pila (f)	battery	['bætərɪ]
essere scarico	to be dead	[tə bi ded]
cambiare la pila	to change a battery	[tə tʃeɪndʒ ə 'bætərɪ]
andare avanti	to run fast	[tə rʌn fɑ:st]
andare indietro	to run slow	[tə rʌn sləʊ]

orologio (m) da muro	wall clock	['wɔ:l ˌklɒk]
clessidra (f)	hourglass	['aʊəglɑ:s]
orologio (m) solare	sundial	['sʌndaɪəl]
sveglia (f)	alarm clock	[ə'lɑ:m klɒk]
orologiaio (m)	watchmaker	['wɒtʃˌmeɪkə(r)]
riparare (vt)	to repair (vt)	[tə rɪ'peə(r)]

T&P BOOKS

L'ESPERIENZA QUOTIDIANA

T&P Books Publishing

soldi (m pl)	money	['mʌni]
cambio (m)	currency exchange	['kʌrənsɪ ɪks'ʧeɪndʒ]
corso (m) di cambio	exchange rate	[ɪks'ʧeɪndʒ reɪt]
bancomat (m)	ATM	[ˌeɪtiː'em]
moneta (f)	coin	[kɔɪn]
dollaro (m)	dollar	['dɒlə(r)]
euro (m)	euro	['juərəʊ]
lira (f)	lira	['lɪərə]
marco (m)	Deutschmark	['dɔɪʧmɑːk]
franco (m)	franc	[fræŋk]
sterlina (f)	pound sterling	[paʊnd 'stɜːlɪŋ]
yen (m)	yen	[jen]
debito (m)	debt	[det]
debitore (m)	debtor	['detə(r)]
prestare (~ i soldi)	to lend (vt)	[tə lend]
prendere in prestito	to borrow (vt)	[tə 'bɒrəʊ]
banca (f)	bank	[bæŋk]
conto (m)	account	[ə'kaʊnt]
versare (vt)	to deposit (vt)	[tə dɪ'pɒzɪt]
carta (f) di credito	credit card	['kredɪt kɑːd]
contanti (m pl)	cash	[kæʃ]
assegno (m)	check	[ʧek]
emettere un assegno	to write a check	[tə ˌraɪt ə 'ʧek]
libretto (m) di assegni	checkbook	['ʧekˌbʊk]
portafoglio (m)	wallet	['wɒlɪt]
borsellino (m)	change purse	[ʧeɪndʒ pɜːs]
cassaforte (f)	safe	[seɪf]
erede (m)	heir	[eə(r)]
eredità (f)	inheritance	[ɪn'herɪtəns]
fortuna (f)	fortune	['fɔːʧuːn]
affitto (m), locazione (f)	lease	[liːs]
canone (m) d'affitto	rent	[rent]
affittare (dare in affitto)	to rent (vt)	[tə rent]
prezzo (m)	price	[praɪs]
costo (m)	cost	[kɒst]

somma (f)	sum	[sʌm]
spese (f pl)	expenses	[ɪk'spensɪz]
economizzare (vi, vt)	to economize (vi, vt)	[tə ɪ'kɒnəmaɪz]
economico (agg)	economical	[ˌiːkə'nɒmɪkəl]

pagare (vi, vt)	to pay (vi, vt)	[tə peɪ]
pagamento (m)	payment	['peɪmənt]
resto (m) (dare il ~)	change	[tʃeɪndʒ]

imposta (f)	tax	[tæks]
multa (f), ammenda (f)	fine	[faɪn]
multare (vt)	to fine (vt)	[tə faɪn]

42. Posta. Servizio postale

ufficio (m) postale	post office	[pəʊst 'ɒfɪs]
posta (f) (lettere, ecc.)	mail	[meɪl]
postino (m)	mailman	['meɪlmən]
orario (m) di apertura	opening hours	['əʊpənɪŋ ˌaʊəz]

lettera (f)	letter	['letə(r)]
raccomandata (f)	registered letter	['redʒɪstəd 'letə(r)]
cartolina (f)	postcard	['pəʊstkɑːd]
telegramma (m)	telegram	['telɪgræm]

| pacco (m) postale | package, parcel | ['pækɪdʒ], ['pɑːsəl] |
| vaglia (m) postale | money transfer | ['mʌnɪ trænsˈfɜː(r)] |

ricevere (vt)	to receive (vt)	[tə rɪ'siːv]
spedire (vt)	to send (vt)	[tə send]
invio (m)	sending	['sendɪŋ]

| indirizzo (m) | address | [ə'dres] |
| codice (m) postale | ZIP code | ['zɪp ˌkəʊd] |

| mittente (m) | sender | ['sendə(r)] |
| destinatario (m) | receiver | [rɪ'siːvə(r)] |

| nome (m) | first name | [fɜːst neɪm] |
| cognome (m) | surname, last name | ['sɜːneɪm], [lɑːst neɪm] |

tariffa (f)	rate	[reɪt]
ordinario (agg)	standard	['stændəd]
standard (agg)	economical	[ˌiːkə'nɒmɪkəl]

peso (m)	weight	[weɪt]
pesare (vt)	to weigh (vt)	[tə weɪ]
busta (f)	envelope	['envələʊp]
francobollo (m)	postage stamp	['pəʊstɪdʒ ˌstæmp]
affrancare (vt)	to stamp an envelope	[tə stæmp ən 'envələʊp]

43. Attività bancaria

banca (f)	bank	[bæŋk]
filiale (f)	branch	[brɑ:ntʃ]
consulente (m)	clerk, consultant	[klɜ:k], [kən'sʌltənt]
direttore (m)	manager	['mænɪdʒə(r)]
conto (m) bancario	bank account	[bæŋk ə'kaʊnt]
numero (m) del conto	account number	[ə'kaʊnt 'nʌmbə(r)]
conto (m) corrente	checking account	['tʃekɪŋ ə'kaʊnt]
conto (m) di risparmio	savings account	['seɪvɪŋz ə'kaʊnt]
aprire un conto	to open an account	[tu 'əʊpən ən ə'kaʊnt]
chiudere il conto	to close the account	[tə kləʊz ðɪ ə'kaʊnt]
deposito (m)	deposit	[dɪ'pɒzɪt]
depositare (vt)	to make a deposit	[tə meɪk ə dɪ'pɒzɪt]
trasferimento (m) telegrafico	wire transfer	['waɪə 'trænsfɜ:(r)]
rimettere i soldi	to wire, to transfer	[tə 'waɪə], [tə træns'fɜ:]
somma (f)	sum	[sʌm]
Quanto?	How much?	[ˌhaʊ 'mʌtʃ]
firma (f)	signature	['sɪɡnətʃə(r)]
firmare (vt)	to sign (vt)	[tə saɪn]
carta (f) di credito	credit card	['kredɪt kɑ:d]
codice (m)	code	[kəʊd]
numero (m) della carta di credito	credit card number	['kredɪt kɑ:d 'nʌmbə(r)]
bancomat (m)	ATM	[ˌeɪti:'em]
assegno (m)	check	[tʃek]
emettere un assegno	to write a check	[tə ˌraɪt ə 'tʃek]
libretto (m) di assegni	checkbook	['tʃekˌbʊk]
prestito (m)	loan	[ləʊn]
fare domanda per un prestito	to apply for a loan	[tə ə'plaɪ fɔ:rə ləʊn]
ottenere un prestito	to get a loan	[tə get ə ləʊn]
concedere un prestito	to give a loan	[tə gɪv ə ləʊn]
garanzia (f)	guarantee	[ˌɡærən'ti:]

44. Telefono. Conversazione telefonica

telefono (m)	telephone	['telɪfəʊn]
telefonino (m)	cell phone	['selfəʊn]

segreteria (f) telefonica	answering machine	[ˈɑːnsərɪŋ məˈʃiːn]
telefonare (vi, vt)	to call (vi, vt)	[tə kɔːl]
chiamata (f)	phone call	[fəʊn kɔːl]

comporre un numero	to dial a number	[tə ˈdaɪəl ə ˈnʌmbə(r)]
Pronto!	Hello!	[həˈləʊ]
chiedere (domandare)	to ask (vt)	[tə ɑːsk]
rispondere (vi, vt)	to answer (vi, vt)	[tə ˈɑːnsə(r)]

udire (vt)	to hear (vt)	[tə hɪə(r)]
bene	well	[wel]
male	not well	[nɒt wel]
disturbi (m pl)	noises	[nɔɪzɪz]

cornetta (f)	receiver	[rɪˈsiːvə(r)]
alzare la cornetta	to pick up the phone	[tə pɪk ʌp ðə fəʊn]
riattaccare la cornetta	to hang up	[tə hæŋg ʌp]

occupato (agg)	busy	[ˈbɪzɪ]
squillare (del telefono)	to ring (vi)	[tə rɪŋ]
elenco (m) telefonico	telephone book	[ˈtelɪfəʊn bʊk]

locale (agg)	local	[ˈləʊkəl]
telefonata (f) urbana	local call	[ˈləʊkəl kɔːl]
interurbano (agg)	long distance	[lɒŋ ˈdɪstəns]
telefonata (f) interurbana	long distance call	[lɒŋ ˈdɪstəns kɔːl]
internazionale (agg)	international	[ˌɪntəˈnæʃənəl]
telefonata (f) internazionale	international call	[ˌɪntəˈnæʃənəl kɔːl]

45. Telefono cellulare

telefonino (m)	cell phone	[ˈselfəʊn]
schermo (m)	display	[dɪˈspleɪ]
tasto (m)	button	[ˈbʌtən]
scheda SIM (f)	SIM card	[sɪm kɑːd]

pila (f)	battery	[ˈbætərɪ]
essere scarico	to be dead	[tə bi ded]
caricabatteria (m)	charger	[ˈtʃɑːdʒə(r)]
menù (m)	menu	[ˈmenjuː]
impostazioni (f pl)	settings	[ˈsetɪŋz]
melodia (f)	tune	[tjuːn]
scegliere (vt)	to select (vt)	[tə sɪˈlekt]

calcolatrice (f)	calculator	[ˈkælkjʊleɪtə(r)]
segreteria (f) telefonica	voice mail	[vɔɪs meɪl]
sveglia (f)	alarm clock	[əˈlɑːm klɒk]
contatti (m pl)	contacts	[ˈkɒntækts]
messaggio (m) SMS	SMS	[ˌesemˈes]
abbonato (m)	subscriber	[səbˈskraɪbə(r)]

46. Articoli di cancelleria

penna (f) a sfera	**ballpoint pen**	['bɔ:lpɔɪnt pen]
penna (f) stilografica	**fountain pen**	['faʊntɪn pen]
matita (f)	**pencil**	['pensəl]
evidenziatore (m)	**highlighter**	['haɪlaɪtə(r)]
pennarello (m)	**felt-tip pen**	[felt tɪp pen]
taccuino (m)	**notepad**	['nəʊtpæd]
agenda (f)	**agenda**	[ə'dʒendə]
righello (m)	**ruler**	['ru:lə(r)]
calcolatrice (f)	**calculator**	['kælkjʊleɪtə(r)]
gomma (f) per cancellare	**eraser**	[ɪ'reɪsə(r)]
puntina (f)	**thumbtack**	['θʌmtæk]
graffetta (f)	**paper clip**	['peɪpə klɪp]
colla (f)	**glue**	[glu:]
pinzatrice (f)	**stapler**	['steɪplə(r)]
perforatrice (f)	**hole punch**	[həʊl pʌntʃ]
temperamatite (m)	**pencil sharpener**	['pensəl 'ʃɑ:pənə(r)]

47. Lingue straniere

lingua (f)	**language**	['læŋgwɪdʒ]
straniero (agg)	**foreign**	['fɒrən]
studiare (vt)	**to study** (vt)	[tə 'stʌdɪ]
imparare (una lingua)	**to learn** (vt)	[tə lɜ:n]
leggere (vi, vt)	**to read** (vi, vt)	[tə ri:d]
parlare (vi, vt)	**to speak** (vi, vt)	[tə spi:k]
capire (vt)	**to understand** (vt)	[tə ˌʌndə'stænd]
scrivere (vi, vt)	**to write** (vt)	[tə raɪt]
rapidamente	**quickly, fast**	['kwɪklɪ], [fɑ:st]
lentamente	**slowly**	['sləʊlɪ]
correntemente	**fluently**	['flu:əntlɪ]
regole (f pl)	**rules**	[ru:lz]
grammatica (f)	**grammar**	['græmə(r)]
lessico (m)	**vocabulary**	[və'kæbjʊlərɪ]
fonetica (f)	**phonetics**	[fə'netɪks]
manuale (m)	**textbook**	['tekstbʊk]
dizionario (m)	**dictionary**	['dɪkʃənərɪ]
manuale (m) autodidattico	**teach-yourself book**	[ti:tʃ jɔ:'self bʊk]
frasario (m)	**phrasebook**	['freɪzbʊk]
cassetta (f)	**cassette, tape**	[kæ'set], [teɪp]

videocassetta (f)	**videotape**	['vɪdɪəʊteɪp]
CD (m)	**CD, compact disc**	[ˌsiː'diː], [kəm'pækt dɪsk]
DVD (m)	**DVD**	[ˌdiːviː'diː]
alfabeto (m)	**alphabet**	['ælfəbet]
compitare (vt)	**to spell** (vt)	[tə spel]
pronuncia (f)	**pronunciation**	[prəˌnʌnsɪ'eɪʃən]
accento (m)	**accent**	['æksent]
con un accento	**with an accent**	[wɪð ən 'æksent]
senza accento	**without an accent**	[wɪ'ðaʊt ən 'æksent]
vocabolo (m)	**word**	[wɜːd]
significato (m)	**meaning**	['miːnɪŋ]
corso (m) (~ di francese)	**course**	[kɔːs]
iscriversi (vr)	**to sign up** (vi)	[tə saɪn ʌp]
insegnante (m, f)	**teacher**	['tiːʧə(r)]
traduzione (f) (un testo)	**translation**	[træns'leɪʃən]
traduttore (m)	**translator**	[træns'leɪtə(r)]
interprete (m)	**interpreter**	[ɪn'tɜːprɪtə(r)]
poliglotta (m)	**polyglot**	['pɒlɪglɒt]
memoria (f)	**memory**	['memərɪ]

T&P BOOKS

PASTI. RISTORANTE

T&P Books Publishing

48. Preparazione della tavola

cucchiaio (m)	**spoon**	[spuːn]
coltello (m)	**knife**	[naɪf]
forchetta (f)	**fork**	[fɔːk]
tazza (f)	**cup**	[kʌp]
piatto (m)	**plate**	[pleɪt]
piattino (m)	**saucer**	['sɔːsə(r)]
tovagliolo (m)	**napkin**	['næpkɪn]
stuzzicadenti (m)	**toothpick**	['tuːθpɪk]

49. Ristorante

ristorante (m)	**restaurant**	['restrɒnt]
caffè (m)	**coffee house**	['kɒfɪ ˌhaʊs]
pub (m), bar (m)	**pub, bar**	[pʌb], [bɑː(r)]
sala (f) da tè	**tearoom**	['tiːrʊm]
cameriere (m)	**waiter**	['weɪtə(r)]
cameriera (f)	**waitress**	['weɪtrɪs]
barista (m)	**bartender**	['bɑːrˌtendə(r)]
menù (m)	**menu**	['menjuː]
lista (f) dei vini	**wine list**	['waɪn lɪst]
prenotare un tavolo	**to book a table**	[tə bʊk ə 'teɪbəl]
piatto (m)	**course, dish**	[kɔːs], [dɪʃ]
ordinare (~ il pranzo)	**to order** (vi, vt)	[tə 'ɔːdə(r)]
fare un'ordinazione	**to make an order**	[tə meɪk ən 'ɔːdə(r)]
aperitivo (m)	**aperitif**	[əperə'tiːf]
antipasto (m)	**appetizer**	['æpɪtaɪzə(r)]
dolce (m)	**dessert**	[dɪ'zɜːt]
conto (m)	**check**	[tʃek]
pagare il conto	**to pay the check**	[tə peɪ ðə tʃek]
dare il resto	**to give change**	[tə gɪv 'tʃeɪndʒ]
mancia (f)	**tip**	[tɪp]

50. Pasti

cibo (m)	**food**	[fuːd]
mangiare (vi, vt)	**to eat** (vi, vt)	[tə iːt]

colazione (f)	breakfast	['brekfəst]
fare colazione	to have breakfast	[tə hæv 'brekfəst]
pranzo (m)	lunch	[lʌntʃ]
pranzare (vi)	to have lunch	[tə hæv lʌntʃ]
cena (f)	dinner	['dɪnə(r)]
cenare (vi)	to have dinner	[tə hæv 'dɪnə(r)]
appetito (m)	appetite	['æpɪtaɪt]
Buon appetito!	Enjoy your meal!	[ɪn'dʒɔɪ jɔː ˌmiːl]
aprire (vt)	to open (vt)	[tə 'əʊpən]
rovesciare (~ il vino, ecc.)	to spill (vt)	[tə spɪl]
rovesciarsi (vr)	to spill out (vi)	[tə spɪl aʊt]
bollire (vi)	to boil (vi)	[tə bɔɪl]
far bollire	to boil (vt)	[tə bɔɪl]
bollito (agg)	boiled	['bɔɪld]
raffreddare (vt)	to chill, cool down (vt)	[tə tʃɪl], [kuːl daʊn]
raffreddarsi (vr)	to chill (vi)	[tə tʃɪl]
gusto (m)	taste, flavor	[teɪst], ['fleɪvə(r)]
retrogusto (m)	aftertaste	['ɑːftəteɪst]
essere a dieta	to slim down	[tə slɪm daʊn]
dieta (f)	diet	['daɪət]
vitamina (f)	vitamin	['vaɪtəmɪn]
caloria (f)	calorie	['kælərɪ]
vegetariano (m)	vegetarian	[ˌvedʒɪ'teərɪən]
vegetariano (agg)	vegetarian	[ˌvedʒɪ'teərɪən]
grassi (m pl)	fats	[fæts]
proteine (f pl)	proteins	['prəʊtiːnz]
carboidrati (m pl)	carbohydrates	[ˌkɑːbəʊ'haɪdreɪts]
fetta (f), fettina (f)	slice	[slaɪs]
pezzo (m) (~ di torta)	piece	[piːs]
briciola (f) (~ di pane)	crumb	[krʌm]

51. Pietanze cucinate

piatto (m) (~ principale)	course, dish	[kɔːs], [dɪʃ]
cucina (f)	cuisine	[kwɪ'ziːn]
ricetta (f)	recipe	['resɪpɪ]
porzione (f)	portion	['pɔːʃən]
insalata (f)	salad	['sæləd]
minestra (f)	soup	[suːp]
brodo (m)	clear soup	[ˌklɪə 'suːp]
panino (m)	sandwich	['sænwɪdʒ]
uova (f pl) al tegamino	fried eggs	['fraɪd ˌegz]

| hamburger (m) | hamburger | ['hæmbɜːgə(r)] |
| bistecca (f) | steak | [steɪk] |

contorno (m)	side dish	[saɪd dɪʃ]
spaghetti (m pl)	spaghetti	[spə'getɪ]
purè (m) di patate	mashed potatoes	[mæʃt pə'teɪtəʊz]
pizza (f)	pizza	['piːtsə]
porridge (m)	porridge	['pɒrɪdʒ]
frittata (f)	omelet	['ɒmlɪt]

bollito (agg)	boiled	['bɔɪld]
affumicato (agg)	smoked	[sməʊkt]
fritto (agg)	fried	[fraɪd]
secco (agg)	dried	[draɪd]
congelato (agg)	frozen	['frəʊzən]
sottoaceto (agg)	pickled	['pɪkəld]

dolce (gusto)	sweet	[swiːt]
salato (agg)	salty	['sɔːltɪ]
freddo (agg)	cold	[kəʊld]
caldo (agg)	hot	[hɒt]
amaro (agg)	bitter	['bɪtə(r)]
buono, gustoso (agg)	tasty	['teɪstɪ]

cuocere, preparare (vt)	to cook in boiling water	[tə kʊk in 'bɔɪlɪŋ 'wɔːtə]
cucinare (vi)	to cook (vt)	[tə kʊk]
friggere (vt)	to fry (vt)	[tə fraɪ]
riscaldare (vt)	to heat up	[tə hiːt ʌp]

salare (vt)	to salt (vt)	[tə sɔːlt]
pepare (vt)	to pepper (vt)	[tə 'pepə(r)]
grattugiare (vt)	to grate (vt)	[tə greɪt]
buccia (f)	peel	[piːl]
sbucciare (vt)	to peel (vt)	[tə piːl]

52. Cibo

carne (f)	meat	[miːt]
pollo (m)	chicken	['tʃɪkɪn]
pollo (m) novello	Rock Cornish hen	[rɒk 'kɔːnɪʃ hen]
anatra (f)	duck	[dʌk]
oca (f)	goose	[guːs]
cacciagione (f)	game	[geɪm]
tacchino (m)	turkey	['tɜːkɪ]

maiale (m)	pork	[pɔːk]
vitello (m)	veal	[viːl]
agnello (m)	lamb	[læm]
manzo (m)	beef	[biːf]
coniglio (m)	rabbit	['ræbɪt]

salame (m)	sausage	['sɒsɪdʒ]
w?rstel (m)	vienna sausage	[vɪ'enə 'sɒsɪdʒ]
pancetta (f)	bacon	['beɪkən]
prosciutto (m)	ham	[hæm]
prosciutto (m) affumicato	gammon	['gæmən]

pâté (m)	pâté	['pæteɪ]
fegato (m)	liver	['lɪvə(r)]
carne (f) trita	hamburger	['hæmbɜ:gə(r)]
lingua (f)	tongue	[tʌŋ]

uovo (m)	egg	[eg]
uova (f pl)	eggs	[egz]
albume (m)	egg white	['eg ˌwaɪt]
tuorlo (m)	egg yolk	['eg jəʊk]

pesce (m)	fish	[fɪʃ]
frutti (m pl) di mare	seafood	['si:fu:d]
crostacei (m pl)	crustaceans	[krʌ'steɪʃənz]
caviale (m)	caviar	['kævɪɑ:(r)]

granchio (m)	crab	[kræb]
gamberetto (m)	shrimp	[ʃrɪmp]
ostrica (f)	oyster	['ɔɪstə(r)]
aragosta (f)	spiny lobster	['spaɪnɪ 'lobstə(r)]
polpo (m)	octopus	['ɒktəpəs]
calamaro (m)	squid	[skwɪd]

storione (m)	sturgeon	['stɜ:dʒən]
salmone (m)	salmon	['sæmən]
ippoglosso (m)	halibut	['hælɪbət]

merluzzo (m)	cod	[kɒd]
scombro (m)	mackerel	['mækərəl]
tonno (m)	tuna	['tu:nə]
anguilla (f)	eel	[i:l]

trota (f)	trout	[traʊt]
sardina (f)	sardine	[sɑ:'di:n]
luccio (m)	pike	[paɪk]
aringa (f)	herring	['herɪŋ]

pane (m)	bread	[bred]
formaggio (m)	cheese	[ʧi:z]
zucchero (m)	sugar	['ʃʊgə(r)]
sale (m)	salt	[sɔ:lt]

riso (m)	rice	[raɪs]
pasta (f)	pasta	['pæstə]
tagliatelle (f pl)	noodles	['nu:dəlz]
burro (m)	butter	['bʌtə(r)]
olio (m) vegetale	vegetable oil	['vedʒtəbəl ɔɪl]

| olio (m) di girasole | sunflower oil | ['sʌn͵flaʊə ɔɪl] |
| margarina (f) | margarine | [͵mɑ:dʒə'ri:n] |

| olive (f pl) | olives | ['ɒlɪvz] |
| olio (m) d'oliva | olive oil | ['ɒlɪv ͵ɔɪl] |

latte (m)	milk	[mɪlk]
latte (m) condensato	condensed milk	[kən'denst mɪlk]
yogurt (m)	yogurt	['jəʊɡərt]
panna (f) acida	sour cream	['saʊə ͵kri:m]
panna (f)	cream	[kri:m]

| maionese (m) | mayonnaise | [͵meɪə'neɪz] |
| crema (f) | buttercream | ['bʌtə͵kri:m] |

cereali (m pl)	groats	[ɡrəʊts]
farina (f)	flour	['flaʊə(r)]
cibi (m pl) in scatola	canned food	[kænd fu:d]

fiocchi (m pl) di mais	cornflakes	['kɔ:nfleɪks]
miele (m)	honey	['hʌnɪ]
marmellata (f)	jam	[dʒæm]
gomma (f) da masticare	chewing gum	['ʧu:ɪŋ ͵ɡʌm]

53. Bevande

acqua (f)	water	['wɔ:tə(r)]
acqua (f) potabile	drinking water	['drɪŋkɪŋ 'wɔ:tə(r)]
acqua (f) minerale	mineral water	['mɪnərəl 'wɔ:tə(r)]

liscia (non gassata)	still	[stɪl]
gassata (agg)	carbonated	['kɑ:bəneɪtɪd]
frizzante (agg)	sparkling	['spɑ:klɪŋ]
ghiaccio (m)	ice	[aɪs]
con ghiaccio	with ice	[wɪð aɪs]

analcolico (agg)	non-alcoholic	[nɒn ͵ælkə'hɒlɪk]
bevanda (f) analcolica	soft drink	[sɒft drɪŋk]
bibita (f)	refreshing drink	[rɪ'freʃɪŋ drɪŋk]
limonata (f)	lemonade	[͵leməˈneɪd]

bevande (f pl) alcoliche	liquors	['lɪkəz]
vino (m)	wine	[waɪn]
vino (m) bianco	white wine	['waɪt ͵waɪn]
vino (m) rosso	red wine	['red ͵waɪn]

liquore (m)	liqueur	[lɪ'kjʊə(r)]
champagne (m)	champagne	[ʃæm'peɪn]
vermouth (m)	vermouth	[vɜ:'mu:θ]
whisky	whiskey	['wɪskɪ]

vodka (f)	**vodka**	['vɒdkə]
gin (m)	**gin**	[dʒɪn]
cognac (m)	**cognac**	['kɒnjæk]
rum (m)	**rum**	[rʌm]

caffè (m)	**coffee**	['kɒfɪ]
caffè (m) nero	**black coffee**	[blæk 'kɒfɪ]
caffè latte (m)	**coffee with milk**	['kɒfɪ wɪð mɪlk]
cappuccino (m)	**cappuccino**	[ˌkæpʊ'tʃi:nəʊ]
caffè (m) solubile	**instant coffee**	['ɪnstənt 'kɒfɪ]

latte (m)	**milk**	[mɪlk]
cocktail (m)	**cocktail**	['kɒkteɪl]
frullato (m)	**milkshake**	['mɪlk ʃeɪk]

succo (m)	**juice**	[dʒu:s]
succo (m) di pomodoro	**tomato juice**	[tə'meɪtəʊ dʒu:s]
succo (m) d'arancia	**orange juice**	['ɒrɪndʒ ˌdʒu:s]
spremuta (f)	**freshly squeezed juice**	['freʃlɪ skwi:zd dʒu:s]

birra (f)	**beer**	[bɪə(r)]
birra (f) chiara	**light beer**	[ˌlaɪt 'bɪə(r)]
birra (f) scura	**dark beer**	['dɑ:k ˌbɪə(r)]

tè (m)	**tea**	[ti:]
tè (m) nero	**black tea**	[blæk ti:]
tè (m) verde	**green tea**	['gri:nˌti:]

54. Verdure

| ortaggi (m pl) | **vegetables** | ['vedʒtəbəlz] |
| verdura (f) | **greens** | [gri:nz] |

pomodoro (m)	**tomato**	[tə'meɪtəʊ]
cetriolo (m)	**cucumber**	['kju:kʌmbə(r)]
carota (f)	**carrot**	['kærət]
patata (f)	**potato**	[pə'teɪtəʊ]
cipolla (f)	**onion**	['ʌnjən]
aglio (m)	**garlic**	['gɑ:lɪk]

cavolo (m)	**cabbage**	['kæbɪdʒ]
cavolfiore (m)	**cauliflower**	['kɒlɪˌflaʊə(r)]
cavoletti (m pl) di Bruxelles	**Brussels sprouts**	['brʌsəlz ˌspraʊts]
broccolo (m)	**broccoli**	['brɒkəlɪ]

barbabietola (f)	**beet**	[bi:t]
melanzana (f)	**eggplant**	['egplɑ:nt]
zucchina (f)	**zucchini**	[zu:'ki:nɪ]
zucca (f)	**pumpkin**	['pʌmpkɪn]
rapa (f)	**turnip**	['tɜ:nɪp]

prezzemolo (m)	parsley	['pɑːslɪ]
aneto (m)	dill	[dɪl]
lattuga (f)	lettuce	['letɪs]
sedano (m)	celery	['selərɪ]
asparago (m)	asparagus	[ə'spærəgəs]
spinaci (m pl)	spinach	['spɪnɪdʒ]
pisello (m)	pea	[piː]
fave (f pl)	beans	[biːnz]
mais (m)	corn	[kɔːn]
fagiolo (m)	kidney bean	['kɪdnɪ biːn]
peperone (m)	bell pepper	[bel 'pepə(r)]
ravanello (m)	radish	['rædɪʃ]
carciofo (m)	artichoke	['ɑːtɪʃəʊk]

55. Frutta. Noci

frutto (m)	fruit	[fruːt]
mela (f)	apple	['æpəl]
pera (f)	pear	[peə(r)]
limone (m)	lemon	['lemən]
arancia (f)	orange	['ɒrɪndʒ]
fragola (f)	strawberry	['strɔːbərɪ]
mandarino (m)	mandarin	['mændərɪn]
prugna (f)	plum	[plʌm]
pesca (f)	peach	[piːtʃ]
albicocca (f)	apricot	['eɪprɪkɒt]
lampone (m)	raspberry	['rɑːzbərɪ]
ananas (m)	pineapple	['paɪnˌæpəl]
banana (f)	banana	[bə'nɑːnə]
anguria (f)	watermelon	['wɔːtəˌmelən]
uva (f)	grape	[greɪp]
amarena (f)	sour cherry	['saʊə 'tʃerɪ]
ciliegia (f)	sweet cherry	[swiːt 'tʃerɪ]
melone (m)	melon	['melən]
pompelmo (m)	grapefruit	['greɪpfruːt]
avocado (m)	avocado	[ˌævə'kɑːdəʊ]
papaia (f)	papaya	[pə'paɪə]
mango (m)	mango	['mæŋgəʊ]
melagrana (f)	pomegranate	['pɒmɪˌgrænɪt]
ribes (m) rosso	redcurrant	['redkʌrənt]
ribes (m) nero	blackcurrant	[ˌblæk'kʌrənt]
uva (f) spina	gooseberry	['gʊzbərɪ]
mirtillo (m)	bilberry	['bɪlbərɪ]
mora (f)	blackberry	['blækbərɪ]

uvetta (f)	raisin	['reɪzən]
fico (m)	fig	[fɪg]
dattero (m)	date	[deɪt]

arachide (f)	peanut	['pi:nʌt]
mandorla (f)	almond	['ɑ:mənd]
noce (f)	walnut	['wɔːlnʌt]
nocciola (f)	hazelnut	['heɪzəlnʌt]
noce (f) di cocco	coconut	['kəʊkənʌt]
pistacchi (m pl)	pistachios	[pɪ'stɑːʃɪəʊs]

56. Pane. Dolci

pasticceria (f)	confectionery	[kən'fekʃənərɪ]
pane (m)	bread	[bred]
biscotti (m pl)	cookies	['kʊkɪz]

cioccolato (m)	chocolate	['tʃɒkələt]
al cioccolato (agg)	chocolate	['tʃɒkələt]
caramella (f)	candy	['kændɪ]
tortina (f)	cake	[keɪk]
torta (f)	cake	[keɪk]

| crostata (f) | pie | [paɪ] |
| ripieno (m) | filling | ['fɪlɪŋ] |

marmellata (f)	jam	[dʒæm]
marmellata (f) di agrumi	marmalade	['mɑːməleɪd]
wafer (m)	wafers	['weɪfəz]
gelato (m)	ice-cream	[aɪs kri:m]
budino (m)	pudding	['pʊdɪŋ]

57. Spezie

sale (m)	salt	[sɔːlt]
salato (agg)	salty	['sɔːltɪ]
salare (vt)	to salt (vt)	[tə sɔːlt]

pepe (m) nero	black pepper	[blæk 'pepə(r)]
peperoncino (m)	red pepper	[red 'pepə(r)]
senape (f)	mustard	['mʌstəd]
cren (m)	horseradish	['hɔːsˌrædɪʃ]

condimento (m)	condiment	['kɒndɪmənt]
spezie (f pl)	spice	[spaɪs]
salsa (f)	sauce	[sɔːs]
aceto (m)	vinegar	['vɪnɪgə(r)]
anice (m)	anise	['ænɪs]

basilico (m)	**basil**	['beɪzəl]
chiodi (m pl) di garofano	**cloves**	[kləʊvz]
zenzero (m)	**ginger**	['dʒɪndʒə(r)]
coriandolo (m)	**coriander**	[ˌkɒrɪ'ændə(r)]
cannella (f)	**cinnamon**	['sɪnəmən]
sesamo (m)	**sesame**	['sesəmɪ]
alloro (m)	**bay leaf**	[beɪ li:f]
paprica (f)	**paprika**	['pæprɪkə]
cumino (m)	**caraway**	['kærəweɪ]
zafferano (m)	**saffron**	['sæfrən]

T&P BOOKS

INFORMAZIONI PERSONALI. FAMIGLIA

T&P Books Publishing

nome (m)	name, first name	[neɪm], ['fɜːstˌneɪm]
cognome (m)	surname, last name	['sɜːneɪm], [lɑːst neɪm]
data (f) di nascita	date of birth	[deɪt əv bɜːθ]
luogo (m) di nascita	place of birth	[ˌpleɪs əv 'bɜːθ]
nazionalità (f)	nationality	[ˌnæʃə'næləti]
domicilio (m)	place of residence	[ˌpleɪs əv 'rezɪdəns]
paese (m)	country	['kʌntrɪ]
professione (f)	profession	[prə'feʃən]
sesso (m)	gender, sex	['dʒendə(r)], [seks]
statura (f)	height	[haɪt]
peso (m)	weight	[weɪt]

madre (f)	mother	['mʌðə(r)]
padre (m)	father	['fɑːðə(r)]
figlio (m)	son	[sʌn]
figlia (f)	daughter	['dɔːtə(r)]
figlia (f) minore	younger daughter	[jʌngə 'dɔːtə(r)]
figlio (m) minore	younger son	[jʌngə 'sʌn]
figlia (f) maggiore	eldest daughter	['eldɪst 'dɔːtə(r)]
figlio (m) maggiore	eldest son	['eldɪst sʌn]
fratello (m)	brother	['brʌðə(r)]
sorella (f)	sister	['sɪstə(r)]
cugino (m)	cousin	['kʌzən]
cugina (f)	cousin	['kʌzən]
mamma (f)	mom, mommy	[mɒm], ['mɒmɪ]
papà (m)	dad, daddy	[dæd], ['dædɪ]
genitori (m pl)	parents	['peərənts]
bambino (m)	child	[tʃaɪld]
bambini (m pl)	children	['tʃɪldrən]
nonna (f)	grandmother	['grænˌmʌðə(r)]
nonno (m)	grandfather	['grændˌfɑːðə(r)]
nipote (m) (figlio di un figlio)	grandson	['grænsʌn]
nipote (f)	granddaughter	['grænˌdɔːtə(r)]
nipoti (pl)	grandchildren	['grænˌtʃɪldrən]

zio (m)	uncle	['ʌŋkəl]
zia (f)	aunt	[ɑːnt]
nipote (m) (figlio di un fratello)	nephew	['nefjuː]
nipote (f)	niece	[niːs]

suocera (f)	mother-in-law	['mʌðər ɪn 'lɔː]
suocero (m)	father-in-law	['fɑːðə ɪn ˌlɔː]
genero (m)	son-in-law	['sʌn ɪn ˌlɔː]
matrigna (f)	stepmother	['stepˌmʌðə(r)]
patrigno (m)	stepfather	['stepˌfɑːðə(r)]

neonato (m)	infant	['ɪnfənt]
infante (m)	baby	['beɪbɪ]
bimbo (m), ragazzino (m)	little boy	['lɪtəl ˌbɔɪ]

| moglie (f) | wife | [waɪf] |
| marito (m) | husband | ['hʌzbənd] |

sposato (agg)	married	['mærɪd]
sposata (agg)	married	['mærɪd]
celibe (agg)	single	['sɪŋgəl]
scapolo (m)	bachelor	['bætʃələ(r)]
divorziato (agg)	divorced	[dɪ'vɔːst]
vedova (f)	widow	['wɪdəʊ]
vedovo (m)	widower	['wɪdəʊə(r)]

parente (m)	relative	['relətɪv]
parente (m) stretto	close relative	[ˌkləʊs 'relətɪv]
parente (m) lontano	distant relative	['dɪstənt 'relətɪv]
parenti (m pl)	relatives	['relətɪvz]

orfano (m), orfana (f)	orphan	['ɔːfən]
tutore (m)	guardian	['gɑːdjən]
adottare (~ un bambino)	to adopt (vt)	[tə ə'dɒpt]
adottare (~ una bambina)	to adopt (vt)	[tə ə'dɒpt]

60. Amici. Colleghi

amico (m)	friend	[frend]
amica (f)	friend, girlfriend	[frend], ['gɜːlfrend]
amicizia (f)	friendship	['frendʃɪp]
essere amici	to be friends	[tə bi frendz]

amico (m) (inform.)	buddy	['bʌdɪ]
amica (f) (inform.)	buddy	['bʌdɪ]
partner (m)	partner	['pɑːtnə(r)]

| capo (m) | chief | [tʃiːf] |
| capo (m), superiore (m) | boss, superior | [bɒs], [suː'pɪərɪə(r)] |

subordinato (m)	**subordinate**	[sə'bɔːdɪnət]
collega (m)	**colleague**	['kɒliːg]
conoscente (m)	**acquaintance**	[ə'kweɪntəns]
compagno (m) di viaggio	**fellow traveler**	['feləʊ 'trævələ(r)]
compagno (m) di classe	**classmate**	['klɑːsmeɪt]
vicino (m)	**neighbor**	['neɪbə(r)]
vicina (f)	**neighbor**	['neɪbə(r)]
vicini (m pl)	**neighbors**	['neɪbəz]

CORPO UMANO. MEDICINALI

T&P Books Publishing

61. Testa

testa (f)	head	[hed]
viso (m)	face	[feɪs]
naso (m)	nose	[nəʊz]
bocca (f)	mouth	[maʊθ]

occhio (m)	eye	[aɪ]
occhi (m pl)	eyes	[aɪz]
pupilla (f)	pupil	['pjuːpəl]
sopracciglio (m)	eyebrow	['aɪbraʊ]
ciglio (m)	eyelash	['aɪlæʃ]
palpebra (f)	eyelid	['aɪlɪd]

lingua (f)	tongue	[tʌŋ]
dente (m)	tooth	[tuːθ]
labbra (f pl)	lips	[lɪps]
zigomi (m pl)	cheekbones	['tʃiːkbəʊnz]
gengiva (f)	gum	[gʌm]
palato (m)	palate	['pælət]

narici (f pl)	nostrils	['nɒstrɪlz]
mento (m)	chin	[tʃɪn]
mascella (f)	jaw	[dʒɔː]
guancia (f)	cheek	[tʃiːk]

fronte (f)	forehead	['fɔːhed]
tempia (f)	temple	['tempəl]
orecchio (m)	ear	[ɪə(r)]
nuca (f)	back of the head	['bæk əv ðə ˌhed]
collo (m)	neck	[nek]
gola (f)	throat	[θrəʊt]

capelli (m pl)	hair	[heə(r)]
pettinatura (f)	hairstyle	['heəstaɪl]
taglio (m)	haircut	['heəkʌt]
parrucca (f)	wig	[wɪg]

baffi (m pl)	mustache	['mʌstæʃ]
barba (f)	beard	[bɪəd]
portare (~ la barba, ecc.)	to have (vt)	[tə hæv]
treccia (f)	braid	[breɪd]
basette (f pl)	sideburns	['saɪdbɜːnz]

rosso (agg)	red-haired	['red ˌheəd]
brizzolato (agg)	gray	[greɪ]

calvo (agg)	**bald**	[bɔːld]
calvizie (f)	**bald patch**	[bɔːld pætʃ]
coda (f) di cavallo	**ponytail**	['pəʊniteil]
frangetta (f)	**bangs**	[bæŋz]

62. Corpo umano

mano (f)	**hand**	[hænd]
braccio (m)	**arm**	[ɑːm]
dito (m)	**finger**	['fɪŋɡə(r)]
pollice (m)	**thumb**	[θʌm]
mignolo (m)	**little finger**	[ˌlɪtəl 'fɪŋɡə(r)]
unghia (f)	**nail**	[neil]
pugno (m)	**fist**	[fɪst]
palmo (m)	**palm**	[pɑːm]
polso (m)	**wrist**	[rɪst]
avambraccio (m)	**forearm**	['fɔːr,ɑːm]
gomito (m)	**elbow**	['elbəʊ]
spalla (f)	**shoulder**	['ʃəʊldə(r)]
gamba (f)	**leg**	[leg]
pianta (f) del piede	**foot**	[fʊt]
ginocchio (m)	**knee**	[niː]
polpaccio (m)	**calf**	[kɑːf]
anca (f)	**hip**	[hɪp]
tallone (m)	**heel**	[hiːl]
corpo (m)	**body**	['bɒdɪ]
pancia (f)	**stomach**	['stʌmək]
petto (m)	**chest**	[tʃest]
seno (m)	**breast**	[brest]
fianco (m)	**flank**	[flæŋk]
schiena (f)	**back**	[bæk]
zona (f) lombare	**lower back**	['ləʊə bæk]
vita (f)	**waist**	[weist]
ombelico (m)	**navel, belly button**	['neivəl], ['belɪ 'bʌtən]
natiche (f pl)	**buttocks**	['bʌtəks]
sedere (m)	**bottom**	['bɒtəm]
neo (m)	**beauty mark**	['bjuːtɪ mɑːk]
tatuaggio (m)	**tattoo**	[təˈtuː]
cicatrice (f)	**scar**	[skɑː(r)]

63. Malattie

malattia (f)	sickness	['sɪknɪs]
essere malato	to be sick	[tə bi 'sɪk]
salute (f)	health	[helθ]
raffreddore (m)	runny nose	[ˌrʌnɪ 'nəʊz]
tonsillite (f)	tonsillitis	[ˌtɒnsɪ'laɪtɪs]
raffreddore (m)	cold	[kəʊld]
raffreddarsi (vr)	to catch a cold	[tə kætʃ ə 'kəʊld]
bronchite (f)	bronchitis	[brɒŋ'kaɪtɪs]
polmonite (f)	pneumonia	[nju:'məʊnɪə]
influenza (f)	flu	[flu:]
miope (agg)	nearsighted	[ˌnɪə'saɪtɪd]
presbite (agg)	farsighted	['fɑː ˌsaɪtɪd]
strabismo (m)	strabismus	[strə'bɪzməs]
strabico (agg)	cross-eyed	[krɒs 'aɪd]
cateratta (f)	cataract	['kætərækt]
glaucoma (m)	glaucoma	[glɔ:'kəʊmə]
ictus (m) cerebrale	stroke	[strəʊk]
attacco (m) di cuore	heart attack	['hɑ:t əˌtæk]
infarto (m) miocardico	myocardial infarction	[ˌmaɪəʊ'kɑːdɪəl ɪn'fɑːkʃən]
paralisi (f)	paralysis	[pə'rælɪsɪs]
paralizzare (vt)	to paralyze (vt)	[tə 'pærəlaɪz]
allergia (f)	allergy	['ælədʒɪ]
asma (f)	asthma	['æsmə]
diabete (m)	diabetes	[ˌdaɪə'bi:ti:z]
mal (m) di denti	toothache	['tu:θeɪk]
carie (f)	caries	['keəri:z]
diarrea (f)	diarrhea	[ˌdaɪə'rɪə]
stitichezza (f)	constipation	[ˌkɒnstɪ'peɪʃən]
disturbo (m) gastrico	stomach upset	['stʌmək ʌpset]
intossicazione (f) alimentare	food poisoning	[fu:d 'pɔɪzənɪŋ]
artrite (f)	arthritis	[ɑ:'θraɪtɪs]
rachitide (f)	rickets	['rɪkɪts]
reumatismo (m)	rheumatism	['ru:mətɪzəm]
aterosclerosi (f)	atherosclerosis	[ˌæθərəʊsklɪ'rəʊsɪs]
gastrite (f)	gastritis	[gæs'traɪtɪs]
appendicite (f)	appendicitis	[əˌpendɪ'saɪtɪs]
colecistite (f)	cholecystitis	[ˌkɒlɪsɪs'taɪtɪs]
ulcera (f)	ulcer	['ʌlsə(r)]
morbillo (m)	measles	['mi:zəlz]

rosolia (f)	rubella	[ruː'belə]
itterizia (f)	jaundice	['dʒɔːndɪs]
epatite (f)	hepatitis	[ˌhepə'taɪtɪs]

schizofrenia (f)	schizophrenia	[ˌskɪtsə'friːnɪə]
rabbia (f)	rabies	['reɪbiːz]
nevrosi (f)	neurosis	[ˌnjʊə'rəʊsɪs]
commozione (f) cerebrale	concussion	[kən'kʌʃən]

cancro (m)	cancer	['kænsə(r)]
sclerosi (f)	sclerosis	[sklə'rəʊsɪs]
sclerosi (f) multipla	multiple sclerosis	['mʌltɪpəl sklə'rəʊsɪs]

alcolismo (m)	alcoholism	['ælkəhɒlɪzəm]
alcolizzato (m)	alcoholic	[ˌælkə'hɒlɪk]
sifilide (f)	syphilis	['sɪfɪlɪs]
AIDS (m)	AIDS	[eɪdz]

tumore (m)	tumor	['tjuːmə(r)]
febbre (f)	fever	['fiːvə(r)]
malaria (f)	malaria	[mə'leərɪə]
cancrena (f)	gangrene	['gæŋgriːn]
mal (m) di mare	seasickness	['siːsɪknɪs]
epilessia (f)	epilepsy	['epɪlepsɪ]

epidemia (f)	epidemic	[ˌepɪ'demɪk]
tifo (m)	typhus	['taɪfəs]
tubercolosi (f)	tuberculosis	[tjuːˌbɜːkjʊ'ləʊsɪs]
colera (m)	cholera	['kɒlərə]
peste (f)	plague	[pleɪg]

64. Sintomi. Cure. Parte 1

sintomo (m)	symptom	['sɪmptəm]
temperatura (f)	temperature	['temprətʃə(r)]
febbre (f) alta	high temperature, fever	[haɪ 'temprətʃə(r)], ['fiːvə(r)]
polso (m)	pulse, heartbeat	[pʌls], ['hɑːtbiːt]

capogiro (m)	dizziness	['dɪzɪnɪs]
caldo (agg)	hot	[hɒt]
brivido (m)	shivering	['ʃɪvərɪŋ]
pallido (un viso ~)	pale	[peɪl]

tosse (f)	cough	[kɒf]
tossire (vi)	to cough (vi)	[tə kɒf]
starnutire (vi)	to sneeze (vi)	[tə sniːz]
svenimento (m)	faint	[feɪnt]
svenire (vi)	to faint (vi)	[tə feɪnt]
livido (m)	bruise	[bruːz]
bernoccolo (m)	bump	[bʌmp]

farsi un livido	to bang (vi)	[tə bæŋ]
contusione (f)	bruise	[bru:z]
farsi male	to get a bruise	[tə get ə bru:z]

zoppicare (vi)	to limp (vi)	[tə lɪmp]
slogatura (f)	dislocation	[ˌdɪslə'keɪʃən]
slogarsi (vr)	to dislocate (vt)	[tə 'dɪsləkeɪt]
frattura (f)	fracture	['fræktʃə(r)]
fratturarsi (vr)	to have a fracture	[tə hæv ə 'fræktʃə(r)]

taglio (m)	cut	[kʌt]
tagliarsi (vr)	to cut oneself	[tə kʌt wʌn'self]
emorragia (f)	bleeding	['bli:dɪŋ]

| scottatura (f) | burn | [bɜ:n] |
| scottarsi (vr) | to get burned | [tə get 'bɜ:nd] |

pungere (vt)	to prick (vt)	[tə prɪk]
pungersi (vr)	to prick oneself	[tə prɪk wʌn'self]
ferire (vt)	to injure (vt)	[tə 'ɪndʒə(r)]
ferita (f)	injury	['ɪndʒərɪ]
lesione (f)	wound	[wu:nd]
trauma (m)	trauma	['trɑʊmə]

delirare (vi)	to be delirious	[tə bi dɪ'lɪrɪəs]
tartagliare (vi)	to stutter (vi)	[tə 'stʌtə(r)]
colpo (m) di sole	sunstroke	['sʌnstrəʊk]

65. Sintomi. Cure. Parte 2

| dolore (m), male (m) | pain, ache | [peɪn], [eɪk] |
| scheggia (f) | splinter | ['splɪntə(r)] |

sudore (m)	sweat	[swet]
sudare (vi)	to sweat (vi)	[tə swet]
vomito (m)	vomiting	['vɒmɪtɪŋ]
convulsioni (f pl)	convulsions	[kən'vʌlʃənz]

incinta (agg)	pregnant	['pregnənt]
nascere (vi)	to be born	[tə bi bɔ:n]
parto (m)	delivery, labor	[dɪ'lɪvərɪ], ['leɪbə(r)]
essere in travaglio di parto	to deliver (vt)	[tə dɪ'lɪvə(r)]
aborto (m)	abortion	[ə'bɔ:ʃən]

respirazione (f)	breathing, respiration	['bri:ðɪŋ], [ˌrespə'reɪʃən]
inspirazione (f)	in-breath, inhalation	['ɪnbreθ], [ˌɪnhə'leɪʃən]
espirazione (f)	out-breath, exhalation	['aʊtbreθ], [ˌeksə'leɪʃən]
espirare (vi)	to exhale (vi)	[tə eks'heɪl]
inspirare (vi)	to inhale (vi)	[tə ɪn'heɪl]
invalido (m)	disabled person	[dɪs'eɪbəld 'pɜ:sən]

| storpio (m) | cripple | ['krɪpəl] |
| drogato (m) | drug addict | ['drʌg,ædɪkt] |

sordo (agg)	deaf	[def]
muto (agg)	mute	[mjuːt]
sordomuto (agg)	deaf mute	[def mjuːt]

matto (agg)	mad, insane	[mæd], [ɪn'seɪn]
matto (m)	madman	['mædmən]
matta (f)	madwoman	['mæd,wʊmən]
impazzire (vi)	to go insane	[tə gəʊ ɪn'seɪn]

gene (m)	gene	[dʒiːn]
immunità (f)	immunity	[ɪ'mjuːnətɪ]
ereditario (agg)	hereditary	[hɪ'redɪtərɪ]
innato (agg)	congenital	[kən'dʒenɪtəl]

virus (m)	virus	['vaɪrəs]
microbo (m)	microbe	['maɪkrəʊb]
batterio (m)	bacterium	[bæk'tɪərɪəm]
infezione (f)	infection	[ɪn'fekʃən]

66. Sintomi. Cure. Parte 3

| ospedale (m) | hospital | ['hɒspɪtəl] |
| paziente (m) | patient | ['peɪʃənt] |

diagnosi (f)	diagnosis	[ˌdaɪəg'nəʊsɪs]
cura (f)	cure	[kjʊə]
trattamento (m)	treatment	['triːtmənt]
curarsi (vr)	to get treatment	[tə get 'triːtmənt]
curare (vt)	to treat (vt)	[tə triːt]
accudire (un malato)	to nurse (vt)	[tə nɜːs]
assistenza (f)	care	[keə(r)]

operazione (f)	operation, surgery	[ˌɒpə'reɪʃən], ['sɜːdʒərɪ]
bendare (vt)	to bandage (vt)	[tə 'bændɪdʒ]
fasciatura (f)	bandaging	['bændɪdʒɪŋ]

vaccinazione (f)	vaccination	[ˌvæksɪ'neɪʃən]
vaccinare (vt)	to vaccinate (vt)	[tə 'væksɪneɪt]
iniezione (f)	injection, shot	[ɪn'dʒekʃən], [ʃɒt]
fare una puntura	to give an injection	[tə ˌgɪv ən ɪn'dʒekʃən]

attacco (m) (~ epilettico)	attack	[ə'tæk]
amputazione (f)	amputation	[ˌæmpjʊ'teɪʃən]
amputare (vt)	to amputate (vt)	[tə 'æmpjʊteɪt]
coma (m)	coma	['kəʊmə]
essere in coma	to be in a coma	[tə bi ɪn ə 'kəʊmə]
rianimazione (f)	intensive care	[ɪn'tensɪv ˌkeə(r)]

guarire (vi)	to recover (vi)	[tə rɪ'kʌvə(r)]
stato (f) (del paziente)	condition	[kən'dɪʃən]
conoscenza (f)	consciousness	['kɒnʃəsnɪs]
memoria (f)	memory	['memərɪ]

estrarre (~ un dente)	to pull out	[tə ˌpʊl 'aʊt]
otturazione (f)	filling	['fɪlɪŋ]
otturare (vt)	to fill (vt)	[tə fɪl]

| ipnosi (f) | hypnosis | [hɪp'nəʊsɪs] |
| ipnotizzare (vt) | to hypnotize (vt) | [tə 'hɪpnətaɪz] |

67. Medicinali. Farmaci. Accessori

medicina (f)	medicine, drug	['medsɪn], [drʌg]
rimedio (m)	remedy	['remədɪ]
prescrivere (vt)	to prescribe (vt)	[tə prɪ'skraɪb]
prescrizione (f)	prescription	[prɪ'skrɪpʃən]

compressa (f)	tablet, pill	['tæblɪt], [pɪl]
unguento (m)	ointment	['ɔɪntmənt]
fiala (f)	ampule	['æmpuːl]
pozione (f)	mixture	['mɪkstʃə(r)]
sciroppo (m)	syrup	['sɪrəp]
pillola (f)	capsule	['kæpsjuːl]
polverina (f)	powder	['paʊdə(r)]

benda (f)	bandage	['bændɪdʒ]
ovatta (f)	cotton wool	['kɒtən ˌwʊl]
iodio (m)	iodine	['aɪədaɪn]

cerotto (m)	Band-Aid	['bændˌeɪd]
contagocce (m)	eyedropper	[aɪ 'drɒpə(r)]
termometro (m)	thermometer	[θə'mɒmɪtə(r)]
siringa (f)	syringe	[sɪ'rɪndʒ]

| sedia (f) a rotelle | wheelchair | ['wiːlˌtʃeə(r)] |
| stampelle (f pl) | crutches | [krʌtʃɪz] |

analgesico (m)	painkiller	['peɪnˌkɪlə(r)]
lassativo (m)	laxative	['læksətɪv]
alcol (m)	spirits (ethanol)	['spɪrɪts], ['eθənɒl]
erba (f) officinale	medicinal herbs	[mə'dɪsɪnəl ɜːrbz]
d'erbe (infuso ~)	herbal	['ɜːrbəl]

APPARTAMENTO

T&P Books Publishing

68. Appartamento

appartamento (m)	**apartment**	[ə'pɑ:tmənt]
camera (f), stanza (f)	**room**	[rʊ:m]
camera (f) da letto	**bedroom**	['bedrʊm]
sala (f) da pranzo	**dining room**	['daɪnɪŋ rʊm]
salotto (m)	**living room**	['lɪvɪŋ ru:m]
studio (m)	**study**	['stʌdɪ]
ingresso (m)	**entry room**	['entrɪ ru:m]
bagno (m)	**bathroom**	['bɑ:θrʊm]
gabinetto (m)	**half bath**	[hɑ:f bɑ:θ]
soffitto (m)	**ceiling**	['si:lɪŋ]
pavimento (m)	**floor**	[flɔ:(r)]
angolo (m)	**corner**	['kɔ:nə(r)]

69. Arredamento. Interno

mobili (m pl)	**furniture**	['fɜ:nɪʧə(r)]
tavolo (m)	**table**	['teɪbəl]
sedia (f)	**chair**	[ʧeə(r)]
letto (m)	**bed**	[bed]
divano (m)	**couch, sofa**	[kaʊʧ], ['səʊfə]
poltrona (f)	**armchair**	['ɑ:mʧeə(r)]
libreria (f)	**bookcase**	['bʊkkeɪs]
ripiano (m)	**shelf**	[ʃelf]
armadio (m)	**wardrobe**	['wɔ:drəʊb]
attaccapanni (m) da parete	**coat rack**	['kəʊt ˌræk]
appendiabiti (m) da terra	**coat stand**	['kəʊt stænd]
comò (m)	**bureau, dresser**	['bjʊərəʊ], ['dresə(r)]
tavolino (m) da salotto	**coffee table**	['kɒfɪ 'teɪbəl]
specchio (m)	**mirror**	['mɪrə(r)]
tappeto (m)	**carpet**	['kɑ:pɪt]
tappetino (m)	**rug, small carpet**	[rʌg], [smɔ:l 'kɑ:pɪt]
camino (m)	**fireplace**	['faɪəpleɪs]
candela (f)	**candle**	['kændəl]
candeliere (m)	**candlestick**	['kændəlstɪk]
tende (f pl)	**drapes**	[dreɪps]

| carta (f) da parati | wallpaper | ['wɔːlˌpeɪpə(r)] |
| tende (f pl) alla veneziana | blinds | [blaɪndz] |

lampada (f) da tavolo	table lamp	['teɪbəl læmp]
lampada (f) a stelo	floor lamp	[flɔː læmp]
lampadario (m)	chandelier	[ˌʃændə'lɪə(r)]

gamba (f)	leg	[leg]
bracciolo (m)	armrest	['ɑːmrest]
spalliera (f)	back	[bæk]
cassetto (m)	drawer	[drɔː(r)]

70. Biancheria da letto

biancheria (f) da letto	bedclothes	['bedkləʊðz]
cuscino (m)	pillow	['pɪləʊ]
federa (f)	pillowcase	['pɪləʊkeɪs]
coperta (f)	duvet, comforter	['duːveɪ], ['kʌmfətə(r)]
lenzuolo (m)	sheet	[ʃiːt]
copriletto (m)	bedspread	['bedspred]

71. Cucina

cucina (f)	kitchen	['kɪtʃɪn]
gas (m)	gas	[gæs]
fornello (m) a gas	gas stove	['gæs stəʊv]
fornello (m) elettrico	electric stove	[ɪ'lektrɪk stəʊv]
forno (m)	oven	['ʌvən]
forno (m) a microonde	microwave oven	['maɪkrəweɪv 'ʌvən]

frigorifero (m)	fridge	[frɪʤ]
congelatore (m)	freezer	['friːzə(r)]
lavastoviglie (f)	dishwasher	['dɪʃˌwɒʃə(r)]

tritacarne (m)	meat grinder	[miːt 'graɪndə(r)]
spremifrutta (m)	juicer	['ʤuːsə]
tostapane (m)	toaster	['təʊstə(r)]
mixer (m)	mixer	['mɪksə(r)]

macchina (f) da caffè	coffee machine	['kɒfɪ mə'ʃiːn]
caffettiera (f)	coffee pot	['kɒfɪ pɒt]
macinacaffè (m)	coffee grinder	['kɒfɪ 'graɪndə(r)]

bollitore (m)	kettle	['ketəl]
teiera (f)	teapot	['tiːpɒt]
coperchio (m)	lid	[lɪd]
colino (m) da tè	tea strainer	[tiː 'streɪnə(r)]
cucchiaio (m)	spoon	[spuːn]

cucchiaino (m) da tè	teaspoon	['tiːspuːn]
cucchiaio (m)	soup spoon	[suːp spuːn]
forchetta (f)	fork	[fɔːk]
coltello (m)	knife	[naɪf]
stoviglie (f pl)	tableware	['teɪbəlweə(r)]
piatto (m)	plate	[pleɪt]
piattino (m)	saucer	['sɔːsə(r)]
cicchetto (m)	shot glass	[ʃɒt glɑːs]
bicchiere (m) (~ d'acqua)	glass	[glɑːs]
tazzina (f)	cup	[kʌp]
zuccheriera (f)	sugar bowl	['ʃʊgə ˌbəʊl]
saliera (f)	salt shaker	[sɒlt 'ʃeɪkə]
pepiera (f)	pepper shaker	['pepə 'ʃeɪkə]
burriera (f)	butter dish	['bʌtə dɪʃ]
pentola (f)	stock pot	[stɒk pɒt]
padella (f)	frying pan	['fraɪɪŋ pæn]
mestolo (m)	ladle	['leɪdəl]
colapasta (m)	colander	['kʌləndə(r)]
vassoio (m)	tray	[treɪ]
bottiglia (f)	bottle	['bɒtəl]
barattolo (m) di vetro	jar	[dʒɑː(r)]
latta, lattina (f)	can	[kæn]
apribottiglie (m)	bottle opener	['bɒtəl 'əʊpənə(r)]
apriscatole (m)	can opener	[kæn 'əʊpənə(r)]
cavatappi (m)	corkscrew	['kɔːkskruː]
filtro (m)	filter	['fɪltə(r)]
filtrare (vt)	to filter (vt)	[tə 'fɪltə(r)]
spazzatura (f)	trash	[træʃ]
pattumiera (f)	trash can	['træʃkæn]

72. Bagno

bagno (m)	bathroom	['bɑːθrʊm]
acqua (f)	water	['wɔːtə(r)]
rubinetto (m)	faucet	['fɔːsɪt]
acqua (f) calda	hot water	[hɒt 'wɔːtə(r)]
acqua (f) fredda	cold water	[ˌkəʊld 'wɔːtə(r)]
dentifricio (m)	toothpaste	['tuːθpeɪst]
lavarsi i denti	to brush one's teeth	[tə brʌʃ wʌns 'tiːθ]
rasarsi (vr)	to shave (vi)	[tə ʃeɪv]
schiuma (f) da barba	shaving foam	['ʃeɪvɪŋ fəʊm]

rasoio (m)	**razor**	['reɪzə(r)]
lavare (vt)	**to wash** (vt)	[tə wɒʃ]
fare un bagno	**to take a bath**	[tə teɪk ə bɑ:θ]
doccia (f)	**shower**	['ʃaʊə(r)]
fare una doccia	**to take a shower**	[tə teɪk ə 'ʃaʊə(r)]
vasca (f) da bagno	**bathtub**	['bɑ:θtʌb]
water (m)	**toilet**	['tɔɪlɪt]
lavandino (m)	**sink, washbasin**	[sɪŋk], ['wɒʃˌbeɪsən]
sapone (m)	**soap**	[səʊp]
porta (m) sapone	**soap dish**	['səʊpdɪʃ]
spugna (f)	**sponge**	[spʌndʒ]
shampoo (m)	**shampoo**	[ʃæm'pu:]
asciugamano (m)	**towel**	['taʊəl]
accappatoio (m)	**bathrobe**	['bɑ:θrəʊb]
bucato (m)	**laundry**	['lɔ:ndrɪ]
lavatrice (f)	**washing machine**	['wɒʃɪŋ mə'ʃi:n]
fare il bucato	**to do the laundry**	[tə du: ðə 'lɔ:ndrɪ]
detersivo (m) per il bucato	**laundry detergent**	['lɔ:ndrɪ dɪ'tɜ:dʒənt]

73. Elettrodomestici

televisore (m)	**TV set**	[ˌti:'vi: set]
registratore (m) a nastro	**tape recorder**	[teɪp rɪ'kɔ:də(r)]
videoregistratore (m)	**video, VCR**	['vɪdɪəʊ], [ˌvi:si:'ɑ:(r)]
radio (f)	**radio**	['reɪdɪəʊ]
lettore (m)	**player**	['pleɪə(r)]
videoproiettore (m)	**video projector**	['vɪdɪəʊ prə'dʒektə(r)]
home cinema (m)	**home movie theater**	[həʊm 'mu:vɪ 'θɪətə(r)]
lettore (m) DVD	**DVD player**	[ˌdi:vi:'di: 'pleɪə(r)]
amplificatore (m)	**amplifier**	['æmplɪfaɪə]
console (f) video giochi	**video game console**	['vɪdɪəʊ geɪm 'kɒnsəʊl]
videocamera (f)	**video camera**	['vɪdɪəʊ 'kæmərə]
macchina (f) fotografica	**camera**	['kæmərə]
fotocamera (f) digitale	**digital camera**	['dɪdʒɪtəl 'kæmərə]
aspirapolvere (m)	**vacuum cleaner**	['vækjʊəm 'kli:nə(r)]
ferro (m) da stiro	**iron**	['aɪrən]
asse (f) da stiro	**ironing board**	['aɪrənɪŋ bɔ:d]
telefono (m)	**telephone**	['telɪfəʊn]
telefonino (m)	**cell phone**	['selfəʊn]
macchina (f) da scrivere	**typewriter**	['taɪpˌraɪtə(r)]
macchina (f) da cucire	**sewing machine**	['səʊɪŋ mə'ʃi:n]
microfono (m)	**microphone**	['maɪkrəfəʊn]

cuffia (f)	**headphones**	['hedfəʊnz]
telecomando (m)	**remote control**	[rɪ'məʊt kən'trəʊl]
CD (m)	**CD, compact disc**	[ˌsiː'diː], [kəm'pækt dɪsk]
cassetta (f)	**cassette, tape**	[kæ'set], [teɪp]
disco (m) (vinile)	**vinyl record**	['vaɪnɪl 'rekɔːd]

LA TERRA. TEMPO

T&P Books Publishing

cosmo (m)	space	[speɪs]
cosmico, spaziale (agg)	space	[speɪs]
spazio (m) cosmico	outer space	['aʊtə speɪs]

mondo (m)	world	[wɜːld]
universo (m)	universe	['juːnɪvɜːs]
galassia (f)	galaxy	['gæləksɪ]

stella (f)	star	[stɑː(r)]
costellazione (f)	constellation	[ˌkɒnstə'leɪʃən]
pianeta (m)	planet	['plænɪt]
satellite (m)	satellite	['sætəlaɪt]

meteorite (m)	meteorite	['miːtjəraɪt]
cometa (f)	comet	['kɒmɪt]
asteroide (m)	asteroid	['æstərɔɪd]

orbita (f)	orbit	['ɔːbɪt]
ruotare (vi)	to rotate (vi)	[tə rəʊ'teɪt]
atmosfera (f)	atmosphere	['ætməˌsfɪə(r)]

il Sole	the Sun	[ðə sʌn]
sistema (m) solare	solar system	['səʊlə 'sɪstəm]
eclisse (f) solare	solar eclipse	['səʊlə ɪ'klɪps]

| la Terra | the Earth | [ðɪ ɜːθ] |
| la Luna | the Moon | [ðə muːn] |

Marte (m)	Mars	[mɑːz]
Venere (f)	Venus	['viːnəs]
Giove (m)	Jupiter	['dʒuːpɪtə(r)]
Saturno (m)	Saturn	['sætən]

Mercurio (m)	Mercury	['mɜːkjʊrɪ]
Urano (m)	Uranus	['jʊərənəs]
Nettuno (m)	Neptune	['neptjuːn]
Plutone (m)	Pluto	['pluːtəʊ]

Via (f) Lattea	Milky Way	['mɪlkɪ weɪ]
Orsa (f) Maggiore	Great Bear	[greɪt beə(r)]
Stella (f) Polare	North Star	[nɔːθ stɑː(r)]

| marziano (m) | Martian | ['mɑːʃən] |
| extraterrestre (m) | extraterrestrial | [ˌekstrətə'restrɪəl] |

| alieno (m) | alien | ['eɪljən] |
| disco (m) volante | flying saucer | ['flaɪɪŋ 'sɔːsə(r)] |

nave (f) spaziale	spaceship	['speɪsʃɪp]
stazione (f) spaziale	space station	[speɪs 'steɪʃən]
lancio (m)	blast-off	[blɑːst ɒf]

motore (m)	engine	['endʒɪn]
ugello (m)	nozzle	['nɒzəl]
combustibile (m)	fuel	[fjʊəl]

cabina (f) di pilotaggio	cockpit	['kɒkpɪt]
antenna (f)	antenna	[æn'tenə]
oblò (m)	porthole	['pɔːthəʊl]
batteria (f) solare	solar panel	['səʊlə 'pænəl]
scafandro (m)	spacesuit	['speɪssuːt]

| imponderabilità (f) | weightlessness | ['weɪtlɪsnɪs] |
| ossigeno (m) | oxygen | ['ɒksɪdʒən] |

| aggancio (m) | docking | ['dɒkɪŋ] |
| agganciarsi (vr) | to dock (vi, vt) | [tə dɒk] |

osservatorio (m)	observatory	[əb'zɜːvətrɪ]
telescopio (m)	telescope	['telɪskəʊp]
osservare (vt)	to observe (vt)	[tə əb'zɜːv]
esplorare (vt)	to explore (vt)	[tə ɪk'splɔː(r)]

75. La Terra

la Terra	the Earth	[ðɪ ɜːθ]
globo (m) terrestre	the globe	[ðɪ gləʊb]
pianeta (m)	planet	['plænɪt]

atmosfera (f)	atmosphere	['ætmə‚sfɪə(r)]
geografia (f)	geography	[dʒɪ'ɒgrəfɪ]
natura (f)	nature	['neɪtʃə(r)]

mappamondo (m)	globe	[gləʊb]
carta (f) geografica	map	[mæp]
atlante (m)	atlas	['ætləs]

Europa (f)	Europe	['jʊərəp]
Asia (f)	Asia	['eɪʒə]
Africa (f)	Africa	['æfrɪkə]
Australia (f)	Australia	[ɒ'streɪljə]

America (f)	America	[ə'merɪkə]
America (f) del Nord	North America	[nɔːθ ə'merɪkə]
America (f) del Sud	South America	[saʊθ ə'merɪkə]

| Antartide (f) | **Antarctica** | [ænt'ɑ:ktɪkə] |
| Artico (m) | **the Arctic** | [ðə 'ɑrktɪk] |

76. Punti cardinali

nord (m)	**north**	[nɔ:θ]
a nord	**to the north**	[tə ðə nɔ:θ]
al nord	**in the north**	[ɪn ðə nɔ:θ]
del nord (agg)	**northern**	['nɔ:ðən]
sud (m)	**south**	[saʊθ]
a sud	**to the south**	[tə ðə saʊθ]
al sud	**in the south**	[ɪn ðə saʊθ]
del sud (agg)	**southern**	['sʌðən]
ovest (m)	**west**	[west]
a ovest	**to the west**	[tə ðə west]
all'ovest	**in the west**	[ɪn ðə west]
dell'ovest, occidentale	**western**	['westən]
est (m)	**east**	[i:st]
a est	**to the east**	[tə ði i:st]
all'est	**in the east**	[ɪn ði i:st]
dell'est, orientale	**eastern**	['i:stən]

77. Mare. Oceano

mare (m)	**sea**	[si:]
oceano (m)	**ocean**	['əʊʃən]
golfo (m)	**gulf**	[gʌlf]
stretto (m)	**straits**	[streɪts]
terra (f) (terra firma)	**land**	[lænd]
continente (m)	**continent**	['kɒntɪnənt]
isola (f)	**island**	['aɪlənd]
penisola (f)	**peninsula**	[pə'nɪnsjʊlə]
arcipelago (m)	**archipelago**	[,ɑ:kɪ'pelɪgəʊ]
baia (f)	**bay**	[beɪ]
porto (m)	**harbor**	['hɑ:bə(r)]
laguna (f)	**lagoon**	[lə'gu:n]
capo (m)	**cape**	[keɪp]
atollo (m)	**atoll**	['ætɒl]
scogliera (f)	**reef**	[ri:f]
corallo (m)	**coral**	['kɒrəl]
barriera (f) corallina	**coral reef**	['kɒrəl ri:f]
profondo (agg)	**deep**	[di:p]

profondità (f)	**depth**	[depθ]
abisso (m)	**abyss**	[ə'bɪs]
fossa (f) (~ delle Marianne)	**trench**	[trentʃ]
corrente (f)	**current**	['kʌrənt]
circondare (vt)	**to surround** (vt)	[tə sə'raʊnd]
litorale (m)	**shore**	[ʃɔː(r)]
costa (f)	**coast**	[kəʊst]
alta marea (f)	**flow**	[fləʊ]
bassa marea (f)	**ebb**	[eb]
banco (m) di sabbia	**shoal**	[ʃəʊl]
fondo (m)	**bottom**	['bɒtəm]
onda (f)	**wave**	[weɪv]
cresta (f) dell'onda	**crest**	[krest]
schiuma (f)	**foam, spume**	[fəʊm], [spjuːm]
tempesta (f)	**storm**	[stɔːm]
uragano (m)	**hurricane**	['hʌrɪkən]
tsunami (m)	**tsunami**	[tsuː'nɑːmɪ]
bonaccia (f)	**calm**	[kɑːm]
tranquillo (agg)	**quiet, calm**	['kwaɪət], [kɑːm]
polo (m)	**pole**	[pəʊl]
polare (agg)	**polar**	['pəʊlə(r)]
latitudine (f)	**latitude**	['lætɪtjuːd]
longitudine (f)	**longitude**	['lɒndʒɪtjuːd]
parallelo (m)	**parallel**	['pærəlel]
equatore (m)	**equator**	[ɪ'kweɪtə(r)]
cielo (m)	**sky**	[skaɪ]
orizzonte (m)	**horizon**	[hə'raɪzən]
aria (f)	**air**	[eə]
faro (m)	**lighthouse**	['laɪthaʊs]
tuffarsi (vr)	**to dive** (vi)	[tə daɪv]
affondare (andare a fondo)	**to sink** (vi)	[tə sɪŋk]
tesori (m)	**treasures**	['treʒəz]

78. Nomi dei mari e degli oceani

Oceano (m) Atlantico	**Atlantic Ocean**	[ət'læntɪk 'əʊʃən]
Oceano (m) Indiano	**Indian Ocean**	['ɪndɪən 'əʊʃən]
Oceano (m) Pacifico	**Pacific Ocean**	[pə'sɪfɪk 'əʊʃən]
mar (m) Glaciale Artico	**Arctic Ocean**	['ɑrktɪk 'əʊʃən]
mar (m) Nero	**Black Sea**	[blæk siː]
mar (m) Rosso	**Red Sea**	[red siː]

| mar (m) Giallo | Yellow Sea | [ˌjeləʊ 'siː] |
| mar (m) Bianco | White Sea | [waɪt siː] |

mar (m) Caspio	Caspian Sea	['kæspɪən siː]
mar (m) Morto	Dead Sea	[ˌded 'siː]
mar (m) Mediterraneo	Mediterranean Sea	[ˌmedɪtə'reɪnɪən siː]

| mar (m) Egeo | Aegean Sea | [iː'dʒiːən siː] |
| mar (m) Adriatico | Adriatic Sea | [ˌeɪdrɪ'ætɪk siː] |

mar (m) Arabico	Arabian Sea	[ə'reɪbɪən siː]
mar (m) del Giappone	Sea of Japan	['siː əv dʒə'pæn]
mare (m) di Bering	Bering Sea	['berɪŋ siː]
mar (m) Cinese meridionale	South China Sea	[saʊθ 'tʃaɪnə siː]

mar (m) dei Coralli	Coral Sea	['kɒrəl siː]
mar (m) di Tasman	Tasman Sea	['tæzmən siː]
mar (m) dei Caraibi	Caribbean Sea	['kæ'rɪbɪən siː]

| mare (m) di Barents | Barents Sea | ['bærənts siː] |
| mare (m) di Kara | Kara Sea | ['kɑːrə siː] |

mare (m) del Nord	North Sea	[nɔːθ siː]
mar (m) Baltico	Baltic Sea	['bɔːltɪk siː]
mare (m) di Norvegia	Norwegian Sea	[nɔː'wiːdʒən siː]

79. Montagne

monte (m), montagna (f)	mountain	['maʊntɪn]
catena (f) montuosa	mountain range	['maʊntɪn reɪndʒ]
crinale (m)	mountain ridge	['maʊntɪn rɪdʒ]

cima (f)	summit, top	['sʌmɪt], [tɒp]
picco (m)	peak	[piːk]
piedi (m pl)	foot	[fʊt]
pendio (m)	slope	[sləʊp]

vulcano (m)	volcano	[vɒl'keɪnəʊ]
vulcano (m) attivo	active volcano	['æktɪv vɒl'keɪnəʊ]
vulcano (m) inattivo	dormant volcano	['dɔːmənt vɒl'keɪnəʊ]

eruzione (f)	eruption	[ɪ'rʌpʃən]
cratere (m)	crater	['kreɪtə(r)]
magma (m)	magma	['mægmə]
lava (f)	lava	['lɑːvə]
fuso (lava ~a)	molten	['məʊltən]

canyon (m)	canyon	['kænjən]
gola (f)	gorge	[gɔːdʒ]
crepaccio (m)	crevice	['krevɪs]

precipizio (m)	abyss	[ə'bɪs]
passo (m), valico (m)	pass, col	[pɑːs], [kɒl]
altopiano (m)	plateau	['plætəʊ]
falesia (f)	cliff	[klɪf]
collina (f)	hill	[hɪl]

ghiacciaio (m)	glacier	['gleɪʃə(r)]
cascata (f)	waterfall	['wɔːtəfɔːl]
geyser (m)	geyser	['gaɪzə(r)]
lago (m)	lake	[leɪk]

pianura (f)	plain	[pleɪn]
paesaggio (m)	landscape	['lændskeɪp]
eco (f)	echo	['ekəʊ]

alpinista (m)	alpinist	['ælpɪnɪst]
scalatore (m)	rock climber	[rɒk 'klaɪmə(r)]
conquistare (~ una cima)	conquer (vt)	['kɒŋkə(r)]
scalata (f)	climb	[klaɪm]

80. Nomi delle montagne

Alpi (f pl)	The Alps	[ðɪ ælps]
Monte (m) Bianco	Mont Blanc	[ˌmɔ̃'blɑ̃]
Pirenei (m pl)	The Pyrenees	[ðɪ ˌpɪrə'niːz]

Carpazi (m pl)	The Carpathians	[ðɪ kɑː'peɪθɪənz]
gli Urali (m pl)	The Ural Mountains	[ðɪ 'jʊərəl 'maʊntɪnz]
Caucaso (m)	The Caucasus Mountains	[ðɪ 'kɔːkəsəs 'maʊntɪnz]

| Monte (m) Elbrus | Mount Elbrus | ['maʊnt ˌelbə'ruːs] |

Monti (m pl) Altai	The Altai Mountains	[ðɪ ˌɑːl'taɪ 'maʊntɪnz]
Tien Shan (m)	The Tian Shan	[ðɪ tjɛn'ʃɑːn]
Pamir (m)	The Pamir Mountains	[ðɪ pə'mɪə 'maʊntɪnz]
Himalaia (m)	The Himalayas	[ðɪ ˌhɪmə'leɪəz]
Everest (m)	Mount Everest	['maʊnt 'evərɪst]

| Ande (f pl) | The Andes | [ðɪ 'ændiːz] |
| Kilimangiaro (m) | Mount Kilimanjaro | ['maʊnt ˌkɪlɪmən'dʒɑːrəʊ] |

81. Fiumi

fiume (m)	river	['rɪvə(r)]
fonte (f) (sorgente)	spring	[sprɪŋ]
letto (m) (~ del fiume)	riverbed	['rɪvəbed]
bacino (m)	basin	['beɪsən]
sfociare nel ...	to flow into ...	[tə fləʊ 'ɪntʊ]

| affluente (m) | tributary | ['trɪbjʊtrɪ] |
| riva (f) | bank | [bæŋk] |

corrente (f)	current, stream	['kʌrənt], [stri:m]
a valle	downstream	['daʊn‚stri:m]
a monte	upstream	[ˌʌp'stri:m]

inondazione (f)	inundation	[ˌɪnʌn'deɪʃən]
piena (f)	flooding	['flʌdɪŋ]
straripare (vi)	to overflow (vi)	[tə ˌəʊvə'fləʊ]
inondare (vt)	to flood (vt)	[tə flʌd]

| secca (f) | shallow | ['ʃæləʊ] |
| rapida (f) | rapids | ['ræpɪdz] |

diga (f)	dam	[dæm]
canale (m)	canal	[kə'næl]
bacino (m) di riserva	reservoir	['rezəvwɑ:(r)]
chiusa (f)	sluice, lock	[slu:s], [lɒk]

specchio (m) d'acqua	water body	['wɔ:tə 'bɒdɪ]
palude (f)	swamp	[swɒmp]
pantano (m)	bog, marsh	[bɒg], [mɑ:ʃ]
vortice (m)	whirlpool	['wɜ:lpu:l]

ruscello (m)	stream	[stri:m]
potabile (agg)	drinking	['drɪŋkɪŋ]
dolce (di acqua ~)	fresh	[freʃ]

| ghiaccio (m) | ice | [aɪs] |
| ghiacciarsi (vr) | to freeze over | [tə fri:z 'əʊvə(r)] |

82. Nomi dei fiumi

| Senna (f) | Seine | [seɪn] |
| Loira (f) | Loire | [lwɑ:r] |

Tamigi (m)	Thames	[temz]
Reno (m)	Rhine	[raɪn]
Danubio (m)	Danube	['dænju:b]

Volga (m)	Volga	['vɒlgə]
Don (m)	Don	[dɒn]
Lena (f)	Lena	['leɪnə]

Fiume (m) Giallo	Yellow River	[jeləʊ 'rɪvə(r)]
Fiume (m) Azzurro	Yangtze	['jæŋtsɪ]
Mekong (m)	Mekong	['mi:kɒŋ]
Gange (m)	Ganges	['gændʒi:z]
Nilo (m)	Nile River	[naɪl 'rɪvə(r)]

Congo (m)	Congo	['kɒŋgəʊ]
Okavango	Okavango	[ˌɔkə'væŋgəʊ]
Zambesi (m)	Zambezi	[zæm'bi:zɪ]
Limpopo (m)	Limpopo	[lɪm'pəʊpəʊ]

83. Foresta

| foresta (f) | forest, wood | ['fɒrɪst], [wʊd] |
| forestale (agg) | forest | ['fɒrɪst] |

foresta (f) fitta	thick forest	[θɪk 'fɒrɪst]
boschetto (m)	grove	[grəʊv]
radura (f)	clearing	['klɪərɪŋ]

| roveto (m) | thicket | ['θɪkɪt] |
| boscaglia (f) | scrubland | ['skrʌblænd] |

| sentiero (m) | footpath | ['fʊtpɑ:θ] |
| calanco (m) | gully | ['gʌlɪ] |

albero (m)	tree	[tri:]
foglia (f)	leaf	[li:f]
fogliame (m)	leaves	[li:vz]

caduta (f) delle foglie	fall of leaves	[fɔ:l əv li:vz]
cadere (vi)	to fall (vi)	[tə fɔ:l]
cima (f)	top	[tɒp]

ramo (m), ramoscello (m)	branch	[brɑ:ntʃ]
ramo (m)	bough	[baʊ]
gemma (f)	bud	[bʌd]
ago (m)	needle	['ni:dəl]
pigna (f)	pine cone	[paɪn kəʊn]

cavità (f)	tree hollow	[tri: 'hɒləʊ]
nido (m)	nest	[nest]
tana (f) (del fox, ecc.)	burrow, animal hole	['bʌrəʊ], ['ænɪməl həʊl]

tronco (m)	trunk	[trʌŋk]
radice (f)	root	[ru:t]
corteccia (f)	bark	[bɑ:k]
musco (m)	moss	[mɒs]

sradicare (vt)	to uproot (vt)	[tə ʌp'ru:t]
abbattere (~ un albero)	to chop down	[tə tʃɒp daʊn]
disboscare (vt)	to deforest (vt)	[tə ˌdi:'fɒrɪst]
ceppo (m)	tree stump	[tri: stʌmp]

| falò (m) | campfire | ['kæmpˌfaɪə(r)] |
| incendio (m) boschivo | forest fire | ['fɒrɪst 'faɪə(r)] |

spegnere (vt)	to extinguish (vt)	[tə ɪk'stɪŋgwɪʃ]
guardia (f) forestale	forest ranger	['fɒrɪst 'reɪndʒə]
protezione (f)	protection	[prə'tekʃən]
proteggere (~ la natura)	to protect (vt)	[tə prə'tekt]
bracconiere (m)	poacher	['pəʊtʃə(r)]
tagliola (f) (~ per orsi)	steel trap	[stiːl træp]
raccogliere (vt)	to gather, to pick (vt)	[tə 'gæðə(r)], [tə pɪk]
perdersi (vr)	to lose one's way	[tə luːz wʌnz weɪ]

84. Risorse naturali

risorse (f pl) naturali	natural resources	['nætʃərəl rɪ'sɔːsɪz]
minerali (m pl)	minerals	['mɪnərəlz]
deposito (m) (~ di carbone)	deposits	[dɪ'pɒzɪts]
giacimento (m) (~ petrolifero)	field	[fiːld]
estrarre (vt)	to mine (vt)	[tə maɪn]
estrazione (f)	mining	['maɪnɪŋ]
minerale (m) grezzo	ore	[ɔː(r)]
miniera (f)	mine	[maɪn]
pozzo (m) di miniera	shaft	[ʃɑːft]
minatore (m)	miner	['maɪnə(r)]
gas (m)	gas	[gæs]
gasdotto (m)	gas pipeline	[gæs 'paɪplaɪn]
petrolio (m)	oil, petroleum	[ɔɪl], [pɪ'trəʊliəm]
oleodotto (m)	oil pipeline	[ɔɪl 'paɪplaɪn]
torre (f) di estrazione	oil well	[ɔɪl wel]
torre (f) di trivellazione	derrick	['derɪk]
petroliera (f)	tanker	['tæŋkə(r)]
sabbia (f)	sand	[sænd]
calcare (m)	limestone	['laɪmstəʊn]
ghiaia (f)	gravel	['grævəl]
torba (f)	peat	[piːt]
argilla (f)	clay	[kleɪ]
carbone (m)	coal	[kəʊl]
ferro (m)	iron	['aɪrən]
oro (m)	gold	[gəʊld]
argento (m)	silver	['sɪlvə(r)]
nichel (m)	nickel	['nɪkəl]
rame (m)	copper	['kɒpə(r)]
zinco (m)	zinc	[zɪŋk]
manganese (m)	manganese	['mæŋgəniːz]
mercurio (m)	mercury	['mɜːkjʊri]

piombo (m)	lead	[led]
minerale (m)	mineral	['mɪnərəl]
cristallo (m)	crystal	['krɪstəl]
marmo (m)	marble	['mɑːbəl]
uranio (m)	uranium	[jʊ'reɪnjəm]

85. Tempo

tempo (m)	weather	['weðə(r)]
previsione (f) del tempo	weather forecast	['weðə 'fɔːkɑːst]
temperatura (f)	temperature	['temprətʃə(r)]
termometro (m)	thermometer	[θə'mɒmɪtə(r)]
barometro (m)	barometer	[bə'rɒmɪtə(r)]

umido (agg)	humid	['hjuːmɪd]
umidità (f)	humidity	[hjuː'mɪdətɪ]
caldo (m), afa (f)	heat	[hiːt]
molto caldo (agg)	hot, torrid	[hɒt], ['tɒrɪd]
fa molto caldo	it's hot	[ɪts hɒt]

| fa caldo | it's warm | [ɪts wɔːm] |
| caldo, mite (agg) | warm | [wɔːm] |

| fa freddo | it's cold | [ɪts kəʊld] |
| freddo (agg) | cold | [kəʊld] |

sole (m)	sun	[sʌn]
splendere (vi)	to shine (vi)	[tə ʃaɪn]
di sole (una giornata ~)	sunny	['sʌnɪ]
sorgere, levarsi (vr)	to come up (vi)	[tə kʌm ʌp]
tramontare (vi)	to set (vi)	[tə set]

nuvola (f)	cloud	[klaʊd]
nuvoloso (agg)	cloudy	['klaʊdɪ]
nube (f) di pioggia	rain cloud	[reɪn klaʊd]
nuvoloso (agg)	somber	['sɒmbə(r)]

pioggia (f)	rain	[reɪn]
piove	it's raining	[ɪts 'reɪnɪŋ]
piovoso (agg)	rainy	['reɪnɪ]
piovigginare (vi)	to drizzle (vi)	[tə 'drɪzəl]

pioggia (f) torrenziale	pouring rain	['pɔːrɪŋ reɪn]
acquazzone (m)	downpour	['daʊnpɔː(r)]
forte (una ~ pioggia)	heavy	['hevɪ]
pozzanghera (f)	puddle	['pʌdəl]
bagnarsi (~ sotto la pioggia)	to get wet	[tə get wet]
foschia (f), nebbia (f)	fog, mist	[fɒg], [mɪst]
nebbioso (agg)	foggy	['fɒgɪ]

| neve (f) | snow | [snəʊ] |
| nevica | it's snowing | [ɪts snəʊɪŋ] |

86. Rigide condizioni metereologiche. Disastri naturali

temporale (m)	thunderstorm	['θʌndəstɔːm]
fulmine (f)	lightning	['laɪtnɪŋ]
lampeggiare (vi)	to flash (vi)	[tə flæʃ]

tuono (m)	thunder	['θʌndə(r)]
tuonare (vi)	to thunder (vi)	[tə 'θʌndə(r)]
tuona	it's thundering	[ɪts 'θʌndərɪŋ]

| grandine (f) | hail | [heɪl] |
| grandina | it's hailing | [ɪts heɪlɪŋ] |

| inondare (vt) | to flood (vt) | [tə flʌd] |
| inondazione (f) | flood | [flʌd] |

terremoto (m)	earthquake	['ɜːθkweɪk]
scossa (f)	tremor, shock	['tremə(r)], [ʃɒk]
epicentro (m)	epicenter	['epɪsentə(r)]

| eruzione (f) | eruption | [ɪ'rʌpʃən] |
| lava (f) | lava | ['lɑːvə] |

tromba (f) d'aria	twister	['twɪstə(r)]
tornado (m)	tornado	[tɔː'neɪdəʊ]
tifone (m)	typhoon	[taɪ'fuːn]

uragano (m)	hurricane	['hʌrɪkən]
tempesta (f)	storm	[stɔːm]
tsunami (m)	tsunami	[tsuː'nɑːmɪ]

ciclone (m)	cyclone	['saɪkləʊn]
maltempo (m)	bad weather	[bæd 'weðə(r)]
incendio (m)	fire	['faɪə(r)]
disastro (m)	disaster	[dɪ'zɑːstə(r)]
meteorite (m)	meteorite	['miːtjəraɪt]

valanga (f)	avalanche	['ævəlɑːnʃ]
slavina (f)	snowslide	['snəʊslaɪd]
tempesta (f) di neve	blizzard	['blɪzəd]
bufera (f) di neve	snowstorm	['snəʊstɔːm]

FAUNA

T&P Books Publishing

87. Mammiferi. Predatori

predatore (m)	**predator**	['predətə(r)]
tigre (f)	**tiger**	['taɪgə(r)]
leone (m)	**lion**	['laɪən]
lupo (m)	**wolf**	[wʊlf]
volpe (m)	**fox**	[fɒks]
giaguaro (m)	**jaguar**	['dʒægjʊə(r)]
leopardo (m)	**leopard**	['lepəd]
ghepardo (m)	**cheetah**	['tʃi:tə]
pantera (f)	**black panther**	[blæk 'pænθə(r)]
puma (f)	**puma**	['pju:mə]
leopardo (m) delle nevi	**snow leopard**	[snəʊ 'lepəd]
lince (f)	**lynx**	[lɪnks]
coyote (m)	**coyote**	[kɔɪ'əʊtɪ]
sciacallo (m)	**jackal**	['dʒækəl]
iena (f)	**hyena**	[haɪ'i:nə]

88. Animali selvatici

animale (m)	**animal**	['ænɪməl]
bestia (f)	**beast**	[bi:st]
scoiattolo (m)	**squirrel**	['skwɜ:rəl]
riccio (m)	**hedgehog**	['hedʒhɒg]
lepre (f)	**hare**	[heə(r)]
coniglio (m)	**rabbit**	['ræbɪt]
tasso (m)	**badger**	['bædʒə(r)]
procione (f)	**raccoon**	[rə'ku:n]
criceto (m)	**hamster**	['hæmstə(r)]
marmotta (f)	**marmot**	['mɑ:mət]
talpa (f)	**mole**	[məʊl]
topo (m)	**mouse**	[maʊs]
ratto (m)	**rat**	[ræt]
pipistrello (m)	**bat**	[bæt]
ermellino (m)	**ermine**	['ɜ:mɪn]
zibellino (m)	**sable**	['seɪbəl]
martora (f)	**marten**	['mɑ:tɪn]

donnola (f)	weasel	['wɪːzəl]
visone (m)	mink	[mɪŋk]
castoro (m)	beaver	['biːvə(r)]
lontra (f)	otter	['ɒtə(r)]
cavallo (m)	horse	[hɔːs]
alce (m)	moose	[muːs]
cervo (m)	deer	[dɪə(r)]
cammello (m)	camel	['kæməl]
bisonte (m) americano	bison	['baɪsən]
bisonte (m) europeo	wisent	['wiːzənt]
bufalo (m)	buffalo	['bʌfələʊ]
zebra (f)	zebra	['ziːbrə]
antilope (f)	antelope	['æntɪləʊp]
capriolo (m)	roe deer	[rəʊ dɪə(r)]
daino (m)	fallow deer	['fæləʊ dɪə(r)]
camoscio (m)	chamois	['ʃæmwɑː]
cinghiale (m)	wild boar	[ˌwaɪld 'bɔː(r)]
balena (f)	whale	[weɪl]
foca (f)	seal	[siːl]
tricheco (m)	walrus	['wɔːlrəs]
otaria (f)	fur seal	['fɜːˌsiːl]
delfino (m)	dolphin	['dɒlfɪn]
orso (m)	bear	[beə]
orso (m) bianco	polar bear	['pəʊlə ˌbeə(r)]
panda (m)	panda	['pændə]
scimmia (f)	monkey	['mʌŋkɪ]
scimpanzè (m)	chimpanzee	[ˌtʃɪmpæn'ziː]
orango (m)	orangutan	[ɒˌræŋuː'tæn]
gorilla (m)	gorilla	[gə'rɪlə]
macaco (m)	macaque	[mə'kɑːk]
gibbone (m)	gibbon	['gɪbən]
elefante (m)	elephant	['elɪfənt]
rinoceronte (m)	rhinoceros	[raɪ'nɒsərəs]
giraffa (f)	giraffe	[dʒɪ'rɑːf]
ippopotamo (m)	hippopotamus	[ˌhɪpə'pɒtəməs]
canguro (m)	kangaroo	[ˌkæŋgə'ruː]
koala (m)	koala	[kəʊ'ɑːlə]
mangusta (f)	mongoose	['mɒnguːs]
cincillà (f)	chinchilla	[ˌtʃɪn'tʃɪlə]
moffetta (f)	skunk	[skʌŋk]
istrice (m)	porcupine	['pɔːkjʊpaɪn]

89. Animali domestici

gatta (f)	cat	[kæt]
gatto (m)	tomcat	['tɒmkæt]
cane (m)	dog	[dɒg]

cavallo (m)	horse	[hɔːs]
stallone (m)	stallion	['stælɪən]
giumenta (f)	mare	[meə(r)]

mucca (f)	cow	[kaʊ]
toro (m)	bull	[bʊl]
bue (m)	ox	[ɒks]

pecora (f)	sheep	[ʃiːp]
montone (m)	ram	[ræm]
capra (f)	goat	[gəʊt]
caprone (m)	he-goat	['hiː gəʊt]

| asino (m) | donkey | ['dɒŋkɪ] |
| mulo (m) | mule | [mjuːl] |

porco (m)	pig, hog	[pɪg], [hɒg]
porcellino (m)	piglet	['pɪglɪt]
coniglio (m)	rabbit	['ræbɪt]

| gallina (f) | hen | [hen] |
| gallo (m) | rooster | ['ruːstə(r)] |

anatra (f)	duck	[dʌk]
maschio (m) dell'anatra	drake	[dreɪk]
oca (f)	goose	[guːs]

| tacchino (m) | tom turkey, gobbler | [tɒm 'tɜːkɪ], ['gɒblə(r)] |
| tacchina (f) | turkey | ['tɜːkɪ] |

animali (m pl) domestici	domestic animals	[də'mestɪk 'ænɪməlz]
addomesticato (agg)	tame	[teɪm]
addomesticare (vt)	to tame (vt)	[tə teɪm]
allevare (vt)	to breed (vt)	[tə briːd]

fattoria (f)	farm	[fɑːm]
pollame (m)	poultry	['pəʊltrɪ]
bestiame (m)	cattle	['kætəl]
branco (m), mandria (f)	herd	[hɜːd]

scuderia (f)	stable	['steɪbəl]
porcile (m)	pigpen	['pɪgpen]
stalla (f)	cowshed	['kaʊʃed]
conigliera (f)	rabbit hutch	['ræbɪt ˌhʌtʃ]
pollaio (m)	hen house	['henˌhaʊs]

90. Uccelli

uccello (m)	**bird**	[bɜːd]
colombo (m), piccione (m)	**pigeon**	['pɪdʒɪn]
passero (m)	**sparrow**	['spærəʊ]
cincia (f)	**tit**	[tɪt]
gazza (f)	**magpie**	['mægpaɪ]
corvo (m)	**raven**	['reɪvən]
cornacchia (f)	**crow**	[krəʊ]
taccola (f)	**jackdaw**	['dʒækdɔː]
corvo (m) nero	**rook**	[rʊk]
anatra (f)	**duck**	[dʌk]
oca (f)	**goose**	[guːs]
fagiano (m)	**pheasant**	['fezənt]
aquila (f)	**eagle**	['iːgəl]
astore (m)	**hawk**	[hɔːk]
falco (m)	**falcon**	['fɔːlkən]
grifone (m)	**vulture**	['vʌltʃə]
condor (m)	**condor**	['kɒndɔː(r)]
cigno (m)	**swan**	[swɒn]
gru (f)	**crane**	[kreɪn]
cicogna (f)	**stork**	[stɔːk]
pappagallo (m)	**parrot**	['pærət]
colibrì (m)	**hummingbird**	['hʌmɪŋˌbɜːd]
pavone (m)	**peacock**	['piːkɒk]
struzzo (m)	**ostrich**	['ɒstrɪtʃ]
airone (m)	**heron**	['herən]
fenicottero (m)	**flamingo**	[fləˈmɪŋgəʊ]
pellicano (m)	**pelican**	['pelɪkən]
usignolo (m)	**nightingale**	['naɪtɪŋgeɪl]
rondine (f)	**swallow**	['swɒləʊ]
tordo (m)	**thrush**	[θrʌʃ]
tordo (m) sasello	**song thrush**	[sɒŋ θrʌʃ]
merlo (m)	**blackbird**	['blækˌbɜːd]
rondone (m)	**swift**	[swɪft]
allodola (f)	**lark**	[lɑːk]
quaglia (f)	**quail**	[kweɪl]
picchio (m)	**woodpecker**	['wʊdˌpekə(r)]
cuculo (m)	**cuckoo**	['kʊkuː]
civetta (f)	**owl**	[aʊl]
gufo (m) reale	**eagle owl**	['iːgəl aʊl]

urogallo (m)	wood grouse	[wʊd graʊs]
fagiano (m) di monte	black grouse	[blæk graʊs]
pernice (f)	partridge	['pɑ:trɪdʒ]

storno (m)	starling	['stɑːlɪŋ]
canarino (m)	canary	[kə'neərɪ]
francolino (m) di monte	hazel grouse	['heɪzəl graʊs]
fringuello (m)	chaffinch	['tʃæfɪntʃ]
ciuffolotto (m)	bullfinch	['bʊlfɪntʃ]

gabbiano (m)	seagull	['siːgʌl]
albatro (m)	albatross	['ælbətrɒs]
pinguino (m)	penguin	['peŋgwɪn]

91. Pesci. Animali marini

abramide (f)	bream	[briːm]
carpa (f)	carp	[kɑːp]
perca (f)	perch	[pɜːtʃ]
pesce (m) gatto	catfish	['kætfɪʃ]
luccio (m)	pike	[paɪk]

| salmone (m) | salmon | ['sæmən] |
| storione (m) | sturgeon | ['stɜːdʒən] |

aringa (f)	herring	['herɪŋ]
salmone (m)	Atlantic salmon	[ət'læntɪk 'sæmən]
scombro (m)	mackerel	['mækərəl]
sogliola (f)	flatfish	['flætfɪʃ]

lucioperca (f)	pike perch	[paɪk pɜːtʃ]
merluzzo (m)	cod	[kɒd]
tonno (m)	tuna	['tuːnə]
trota (f)	trout	[traʊt]

anguilla (f)	eel	[iːl]
torpedine (f)	electric ray	[ɪ'lektrɪk reɪ]
murena (f)	moray eel	['mɒreɪ iːl]
piranha (f)	piranha	[pɪ'rɑːnə]

squalo (m)	shark	[ʃɑːk]
delfino (m)	dolphin	['dɒlfɪn]
balena (f)	whale	[weɪl]

granchio (m)	crab	[kræb]
medusa (f)	jellyfish	['dʒelɪfɪʃ]
polpo (m)	octopus	['ɒktəpəs]

| stella (f) marina | starfish | ['stɑːfɪʃ] |
| riccio (m) di mare | sea urchin | [siː 'ɜːtʃɪn] |

cavalluccio (m) marino	seahorse	['si:hɔ:s]
ostrica (f)	oyster	['ɔɪstə(r)]
gamberetto (m)	shrimp	[ʃrɪmp]
astice (m)	lobster	['lɒbstə(r)]
aragosta (f)	spiny lobster	['spaɪnɪ 'lɒbstə(r)]

92. Anfibi. Rettili

| serpente (m) | snake | [sneɪk] |
| velenoso (agg) | venomous | ['venəməs] |

vipera (f)	viper	['vaɪpə(r)]
cobra (m)	cobra	['kəʊbrə]
pitone (m)	python	['paɪθən]
boa (m)	boa	['bəʊə]

biscia (f)	grass snake	['grɑ:s,sneɪk]
serpente (m) a sonagli	rattle snake	['rætəl sneɪk]
anaconda (f)	anaconda	[ænə'kɒndə]

lucertola (f)	lizard	['lɪzəd]
iguana (f)	iguana	[ɪ'gwɑ:nə]
varano (m)	monitor lizard	['mɒnɪtə 'lɪzəd]
salamandra (f)	salamander	['sælə,mændə(r)]
camaleonte (m)	chameleon	[kə'mi:lɪən]
scorpione (m)	scorpion	['skɔ:pɪən]

tartaruga (f)	turtle	['tɜ:təl]
rana (f)	frog	[frɒg]
rospo (m)	toad	[təʊd]
coccodrillo (m)	crocodile	['krɒkədaɪl]

93. Insetti

insetto (m)	insect, bug	['ɪnsekt], [bʌg]
farfalla (f)	butterfly	['bʌtəflaɪ]
formica (f)	ant	[ænt]
mosca (f)	fly	[flaɪ]
zanzara (f)	mosquito	[mə'ski:təʊ]
scarabeo (m)	beetle	['bi:təl]

vespa (f)	wasp	[wɒsp]
ape (f)	bee	[bi:]
bombo (m)	bumblebee	['bʌmbəlbi:]
tafano (m)	gadfly	['gædflaɪ]

| ragno (m) | spider | ['spaɪdə(r)] |
| ragnatela (f) | spiderweb | ['spaɪdəweb] |

libellula (f)	**dragonfly**	['drægənflaɪ]
cavalletta (f)	**grasshopper**	['grɑːsˌhɒpə(r)]
farfalla (f) notturna	**moth**	[mɒθ]
scarafaggio (m)	**cockroach**	['kɒkrəʊtʃ]
zecca (f)	**tick**	[tɪk]
pulce (f)	**flea**	[fliː]
moscerino (m)	**midge**	[mɪdʒ]
locusta (f)	**locust**	['ləʊkəst]
lumaca (f)	**snail**	[sneɪl]
grillo (m)	**cricket**	['krɪkɪt]
lucciola (f)	**lightning bug**	['laɪtnɪŋ bʌg]
coccinella (f)	**ladybug**	['leɪdɪbʌg]
maggiolino (m)	**cockchafer**	['kɒkˌtʃeɪfə(r)]
sanguisuga (f)	**leech**	[liːtʃ]
bruco (m)	**caterpillar**	['kætəpɪlə(r)]
verme (m)	**earthworm**	['ɜːθwɜːm]
larva (f)	**larva**	['lɑːvə]

FLORA

T&P Books Publishing

albero (m)	**tree**	[tri:]
deciduo (agg)	**deciduous**	[dɪˈsɪdjʊəs]
conifero (agg)	**coniferous**	[kəˈnɪfərəs]
sempreverde (agg)	**evergreen**	[ˈevəgriːn]
melo (m)	**apple tree**	[ˈæpəl ˌtri:]
pero (m)	**pear tree**	[ˈpeə ˌtri:]
ciliegio (m)	**sweet cherry tree**	[swiːt ˈtʃerɪ tri:]
amareno (m)	**sour cherry tree**	[ˈsaʊə ˈtʃerɪ tri:]
prugno (m)	**plum tree**	[ˈplʌm tri:]
betulla (f)	**birch**	[bɜːtʃ]
quercia (f)	**oak**	[əʊk]
tiglio (m)	**linden tree**	[ˈlɪndən tri:]
pioppo (m) tremolo	**aspen**	[ˈæspən]
acero (m)	**maple**	[ˈmeɪpəl]
abete (m)	**spruce**	[spruːs]
pino (m)	**pine**	[paɪn]
larice (m)	**larch**	[lɑːtʃ]
abete (m) bianco	**fir**	[fɜː(r)]
cedro (m)	**cedar**	[ˈsiːdə(r)]
pioppo (m)	**poplar**	[ˈpɒplə(r)]
sorbo (m)	**rowan**	[ˈrəʊən]
salice (m)	**willow**	[ˈwɪləʊ]
alno (m)	**alder**	[ˈɔːldə(r)]
faggio (m)	**beech**	[biːtʃ]
olmo (m)	**elm**	[elm]
frassino (m)	**ash**	[æʃ]
castagno (m)	**chestnut**	[ˈtʃesnʌt]
magnolia (f)	**magnolia**	[mægˈnəʊlɪə]
palma (f)	**palm tree**	[pɑːm tri:]
cipresso (m)	**cypress**	[ˈsaɪprəs]
mangrovia (f)	**mangrove**	[ˈmæŋgrəʊv]
baobab (m)	**baobab**	[ˈbeɪəʊˌbæb]
eucalipto (m)	**eucalyptus**	[ˌjuːkəˈlɪptəs]
sequoia (f)	**sequoia**	[sɪˈkwɔɪə]

95. Arbusti

cespuglio (m)	bush	[bʊʃ]
arbusto (m)	shrub	[ʃrʌb]
vite (f)	grapevine	['greɪpvaɪn]
vigneto (m)	vineyard	['vɪnjəd]
lampone (m)	raspberry bush	['rɑːzbərɪ bʊʃ]
ribes (m) rosso	redcurrant bush	['redkʌrənt bʊʃ]
uva (f) spina	gooseberry bush	['gʊzbərɪ ˌbʊʃ]
acacia (f)	acacia	[ə'keɪʃə]
crespino (m)	barberry	['bɑːbərɪ]
gelsomino (m)	jasmine	['dʒæzmɪn]
ginepro (m)	juniper	['dʒuːnɪpə(r)]
roseto (m)	rosebush	['reʊzbʊʃ]
rosa (f) canina	dog rose	['dɒg ˌreʊz]

96. Frutti. Bacche

frutto (m)	fruit	[fruːt]
frutti (m pl)	fruits	[fruːts]
mela (f)	apple	['æpəl]
pera (f)	pear	[peə(r)]
prugna (f)	plum	[plʌm]
fragola (f)	strawberry	['strɔːberɪ]
amarena (f)	sour cherry	['saʊə 'tʃerɪ]
ciliegia (f)	sweet cherry	[swiːt 'tʃerɪ]
uva (f)	grape	[greɪp]
lampone (m)	raspberry	['rɑːzbərɪ]
ribes (m) nero	blackcurrant	[ˌblæk'kʌrənt]
ribes (m) rosso	redcurrant	['redkʌrənt]
uva (f) spina	gooseberry	['gʊzbərɪ]
mirtillo (m) di palude	cranberry	['krænbərɪ]
arancia (f)	orange	['ɒrɪndʒ]
mandarino (m)	mandarin	['mændərɪn]
ananas (m)	pineapple	['paɪnˌæpəl]
banana (f)	banana	[bə'nɑːnə]
dattero (m)	date	[deɪt]
limone (m)	lemon	['lemən]
albicocca (f)	apricot	['eɪprɪkɒt]
pesca (f)	peach	[piːtʃ]
kiwi (m)	kiwi	['kiːwiː]

pompelmo (m)	**grapefruit**	['greɪpfruːt]
bacca (f)	**berry**	['berɪ]
bacche (f pl)	**berries**	['berɪːz]
mirtillo (m) rosso	**cowberry**	['kaʊberɪ]
fragola (f) di bosco	**wild strawberry**	['waɪld 'strɔːberɪ]
mirtillo (m)	**bilberry**	['bɪlberɪ]

97. Fiori. Piante

fiore (m)	**flower**	['flaʊə(r)]
mazzo (m) di fiori	**bouquet**	[bʊ'keɪ]
rosa (f)	**rose**	[rəʊz]
tulipano (m)	**tulip**	['tjuːlɪp]
garofano (m)	**carnation**	[kɑː'neɪʃən]
gladiolo (m)	**gladiolus**	[ˌglædɪ'əʊləs]
fiordaliso (m)	**cornflower**	['kɔːnflaʊə(r)]
campanella (f)	**harebell**	['heəbel]
soffione (m)	**dandelion**	['dændɪlaɪən]
camomilla (f)	**camomile**	['kæməmaɪl]
aloe (m)	**aloe**	['æləʊ]
cactus (m)	**cactus**	['kæktəs]
ficus (m)	**rubber plant, ficus**	['rʌbə plɑːnt], ['faɪkəs]
giglio (m)	**lily**	['lɪlɪ]
geranio (m)	**geranium**	[dʒɪ'reɪnjəm]
giacinto (m)	**hyacinth**	['haɪəsɪnθ]
mimosa (f)	**mimosa**	[mɪ'məʊzə]
narciso (m)	**narcissus**	[nɑː'sɪsəs]
nasturzio (m)	**nasturtium**	[nəs'tɜːʃəm]
orchidea (f)	**orchid**	['ɔːkɪd]
peonia (f)	**peony**	['piːənɪ]
viola (f)	**violet**	['vaɪələt]
viola (f) del pensiero	**pansy**	['pænzɪ]
nontiscordardimé (m)	**forget-me-not**	[fə'get mi ˌnɒt]
margherita (f)	**daisy**	['deɪzɪ]
papavero (m)	**poppy**	['pɒpɪ]
canapa (f)	**hemp**	[hemp]
menta (f)	**mint**	[mɪnt]
mughetto (m)	**lily of the valley**	['lɪlɪ əv ðə 'vælɪ]
bucaneve (m)	**snowdrop**	['snəʊdrɒp]
ortica (f)	**nettle**	['netəl]
acetosa (f)	**sorrel**	['sɒrəl]

ninfea (f)	water lily	['wɔːtə 'lɪlɪ]
felce (f)	fern	[fɜːn]
lichene (m)	lichen	['laɪkən]

serra (f)	conservatory	[kən'sɜːvətrɪ]
prato (m) erboso	lawn	[lɔːn]
aiuola (f)	flowerbed	['flaʊəbed]

pianta (f)	plant	[plɑːnt]
erba (f)	grass	[grɑːs]
filo (m) d'erba	blade of grass	[bleɪd əv grɑːs]

foglia (f)	leaf	[liːf]
petalo (m)	petal	['petəl]
stelo (m)	stem	[stem]
tubero (m)	tuber	['tjuːbə(r)]

| germoglio (m) | young plant | [jʌŋ plɑːnt] |
| spina (f) | thorn | [θɔːn] |

fiorire (vi)	to blossom (vi)	[tə 'blɒsəm]
appassire (vi)	to fade (vi)	[tə feɪd]
odore (m), profumo (m)	smell	[smel]
tagliare (~ i fiori)	to cut (vt)	[tə kʌt]
cogliere (vt)	to pick (vt)	[tə pɪk]

98. Cereali, granaglie

grano (m)	grain	[greɪn]
cereali (m pl)	cereal crops	['sɪərɪəl krɒps]
spiga (f)	ear	[ɪə(r)]

frumento (m)	wheat	[wiːt]
segale (f)	rye	[raɪ]
avena (f)	oats	[əʊts]
miglio (m)	millet	['mɪlɪt]
orzo (m)	barley	['bɑːlɪ]

mais (m)	corn	[kɔːn]
riso (m)	rice	[raɪs]
grano (m) saraceno	buckwheat	['bʌkwiːt]

pisello (m)	pea	[piː]
fagiolo (m)	kidney bean	['kɪdnɪ biːn]
soia (f)	soy	[sɔɪ]
lenticchie (f pl)	lentil	['lentɪl]
fave (f pl)	beans	[biːnz]

T&P BOOKS

PAESI

T&P Books Publishing

Afghanistan (m)	**Afghanistan**	[æfˈgænɪˌstæn]
Albania (f)	**Albania**	[ælˈbeɪnɪə]
Arabia Saudita (f)	**Saudi Arabia**	[ˈsaʊdɪ əˈreɪbɪə]
Argentina (f)	**Argentina**	[ˌɑːdʒənˈtiːnə]
Armenia (f)	**Armenia**	[ɑːˈmiːnɪə]
Australia (f)	**Australia**	[ɒˈstreɪljə]
Austria (f)	**Austria**	[ˈɒstrɪə]
Azerbaigian (m)	**Azerbaijan**	[ˌæzəbaɪˈdʒɑːn]
Le Bahamas	**The Bahamas**	[ðə bəˈhɑːməz]
Bangladesh (m)	**Bangladesh**	[ˌbæŋɡləˈdeʃ]
Belgio (m)	**Belgium**	[ˈbeldʒəm]
Bielorussia (f)	**Belarus**	[ˌbeləˈruːs]
Birmania (f)	**Myanmar**	[ˌmaɪænˈmɑː(r)]
Bolivia (f)	**Bolivia**	[bəˈlɪvɪə]
Bosnia-Erzegovina (f)	**Bosnia and Herzegovina**	[ˈbɒznɪə ənd ˌheətsəɡəˈviːnə]
Brasile (m)	**Brazil**	[brəˈzɪl]
Bulgaria (f)	**Bulgaria**	[bʌlˈɡeərɪə]
Cambogia (f)	**Cambodia**	[kæmˈbəʊdjə]
Canada (m)	**Canada**	[ˈkænədə]
Cile (m)	**Chile**	[ˈtʃɪlɪ]
Cina (f)	**China**	[ˈtʃaɪnə]
Cipro (m)	**Cyprus**	[ˈsaɪprəs]
Colombia (f)	**Colombia**	[kəˈlɒmbɪə]
Corea (f) del Nord	**North Korea**	[nɔːθ kəˈrɪə]
Corea (f) del Sud	**South Korea**	[saʊθ kəˈrɪə]
Croazia (f)	**Croatia**	[krəʊˈeɪʃə]
Cuba (f)	**Cuba**	[ˈkjuːbə]
Danimarca (f)	**Denmark**	[ˈdenmɑːk]
Ecuador (m)	**Ecuador**	[ˈekwədɔː(r)]
Egitto (m)	**Egypt**	[ˈiːdʒɪpt]
Emirati (m pl) Arabi	**United Arab Emirates**	[juːˈnaɪtɪd ˈærəb ˈemərəts]
Estonia (f)	**Estonia**	[eˈstəʊnjə]
Finlandia (f)	**Finland**	[ˈfɪnlənd]
Francia (f)	**France**	[frɑːns]

Georgia (f)	**Georgia**	[ˈdʒɔːdʒjə]
Germania (f)	**Germany**	[ˈdʒɜːmənɪ]

Ghana (m)	Ghana	['gɑ:nə]
Giamaica (f)	Jamaica	[dʒə'meɪkə]
Giappone (m)	Japan	[dʒə'pæn]
Giordania (f)	Jordan	['dʒɔ:dən]
Gran Bretagna (f)	Great Britain	[greɪt 'brɪtən]
Grecia (f)	Greece	[gri:s]

Haiti (m)	Haiti	['heɪtɪ]
India (f)	India	['ɪndɪə]
Indonesia (f)	Indonesia	[ˌɪndə'ni:zjə]
Inghilterra (f)	England	['ɪŋglənd]
Iran (m)	Iran	[ɪ'rɑ:n]
Iraq (m)	Iraq	[ɪ'rɑ:k]
Irlanda (f)	Ireland	['aɪələnd]
Islanda (f)	Iceland	['aɪslənd]
Israele (m)	Israel	['ɪzreɪəl]
Italia (f)	Italy	['ɪtəlɪ]

Kazakistan (m)	Kazakhstan	[ˌkæzæk'stɑ:n]
Kenya (m)	Kenya	['kenjə]
Kirghizistan (m)	Kirghizia	[kɜ:'gɪzɪə]
Kuwait (m)	Kuwait	[kʊ'weɪt]
Laos (m)	Laos	[laʊs]
Lettonia (f)	Latvia	['lætvɪə]
Libano (m)	Lebanon	['lebənən]
Libia (f)	Libya	['lɪbɪə]
Liechtenstein (m)	Liechtenstein	['lɪktənstaɪn]
Lituania (f)	Lithuania	[ˌlɪθjʊ'eɪnjə]
Lussemburgo (m)	Luxembourg	['lʌksəmbɜ:g]

Macedonia (f)	Macedonia	[ˌmæsɪ'dəʊnɪə]
Madagascar (m)	Madagascar	[ˌmædə'gæskə(r)]
Malesia (f)	Malaysia	[mə'leɪzɪə]
Malta (f)	Malta	['mɔ:ltə]
Marocco (m)	Morocco	[mə'rɒkəʊ]
Messico (m)	Mexico	['meksɪkəʊ]
Moldavia (f)	Moldavia	[mɒl'deɪvɪə]
Monaco (m)	Monaco	['mɒnəkəʊ]
Mongolia (f)	Mongolia	[mɒŋ'gəʊlɪə]
Montenegro (m)	Montenegro	[ˌmɒntɪ'ni:grəʊ]

Namibia (f)	Namibia	[nə'mɪbɪə]
Nepal (m)	Nepal	[nɪ'pɔ:l]
Norvegia (f)	Norway	['nɔ:weɪ]
Nuova Zelanda (f)	New Zealand	[nju: 'zi:lənd]

101. Paesi. Parte 3

| Paesi Bassi (m pl) | Netherlands | ['neðələndz] |
| Pakistan (m) | Pakistan | ['pækɪstæn] |

Palestina (f)	Palestine	['pælə‚staɪn]
Panama (m)	Panama	['pænəmɑ:]
Paraguay (m)	Paraguay	['pærəgwaɪ]
Perù (m)	Peru	[pə'ru:]
Polinesia (f) Francese	French Polynesia	[frentʃ ‚pɒlɪ'ni:zjə]
Polonia (f)	Poland	['pəʊlənd]
Portogallo (f)	Portugal	['pɔ:tʃʊgəl]

Repubblica (f) Ceca	Czech Republic	[tʃek rɪ'pʌblɪk]
Repubblica (f) Dominicana	Dominican Republic	[də'mɪnɪkən rɪ'pʌblɪk]
Repubblica (f) Sudafricana	South Africa	[saʊθ 'æfrɪkə]
Romania (f)	Romania	[ru:'meɪnɪə]
Russia (f)	Russia	['rʌʃə]

Scozia (f)	Scotland	['skɒtlənd]
Senegal (m)	Senegal	[‚senɪ'gɔ:l]
Serbia (f)	Serbia	['sɜ:bɪə]
Siria (f)	Syria	['sɪrɪə]
Slovacchia (f)	Slovakia	[slə'vækɪə]
Slovenia (f)	Slovenia	[slə'vi:nɪə]

Spagna (f)	Spain	[speɪn]
Stati (m pl) Uniti d'America	United States of America	[ju:'naɪtɪd steɪts əv ə'merɪkə]
Suriname (m)	Suriname	[‚sʊərɪ'næm]
Svezia (f)	Sweden	['swi:dən]
Svizzera (f)	Switzerland	['swɪtsələnd]

Tagikistan (m)	Tajikistan	[tɑ:‚dʒɪkɪ'stɑ:n]
Tailandia (f)	Thailand	['taɪlænd]
Taiwan (m)	Taiwan	[‚taɪ'wɑ:n]
Tanzania (f)	Tanzania	[‚tænzə'nɪə]
Tasmania (f)	Tasmania	[tæz'meɪnjə]
Tunisia (f)	Tunisia	[tju:'nɪzɪə]
Turchia (f)	Turkey	['tɜ:kɪ]
Turkmenistan (m)	Turkmenistan	[‚tɜ:kmenɪ'stɑ:n]

Ucraina (f)	Ukraine	[ju:'kreɪn]
Ungheria (f)	Hungary	['hʌŋgərɪ]
Uruguay (m)	Uruguay	['jʊərəgwaɪ]
Uzbekistan (m)	Uzbekistan	[ʊz‚bekɪ'stɑ:n]

Vaticano (m)	Vatican	['vætɪkən]
Venezuela (f)	Venezuela	[‚venɪ'zweɪlə]
Vietnam (m)	Vietnam	[‚vjet'nɑ:m]
Zanzibar	Zanzibar	[‚zænzɪ'bɑ:(r)]

T&P BOOKS

DIZIONARIO GASTRONOMICO

Questa sezione contiene molti vocaboli e termini collegati ai generi alimentari. Questo dizionario renderà più facile la comprensione del menù al ristorante per scegliere il piatto che più vi piace

T&P Books Publishing

Italiano-Inglese dizionario gastronomico

abramide (f)	bream	[briːm]
aceto (m)	vinegar	['vɪnɪgə(r)]
acqua (f)	water	['wɔːtə(r)]
acqua (f) minerale	mineral water	['mɪnərəl 'wɔːtə(r)]
acqua (f) potabile	drinking water	['drɪŋkɪŋ 'wɔːtə(r)]
affumicato	smoked	[sməʊkt]
aglio (m)	garlic	['gɑːlɪk]
agnello (m)	lamb	[læm]
al cioccolato	chocolate	['tʃɒkələt]
albicocca (f)	apricot	['eɪprɪkɒt]
albume (m)	egg white	['eg ˌwaɪt]
alloro (m)	bay leaf	[beɪ liːf]
amarena (f)	sour cherry	['saʊə 'tʃerɪ]
amaro	bitter	['bɪtə(r)]
analcolico	non-alcoholic	[nɒn ˌælkə'hɒlɪk]
ananas (m)	pineapple	['paɪnˌæpəl]
anatra (f)	duck	[dʌk]
aneto (m)	dill	[dɪl]
anguilla (f)	eel	[iːl]
anguria (f)	watermelon	['wɔːtəˌmelən]
anice (m)	anise	['ænɪs]
antipasto (m)	appetizer	['æpɪtaɪzə(r)]
aperitivo (m)	aperitif	[əperə'tiːf]
appetito (m)	appetite	['æpɪtaɪt]
apribottiglie (m)	bottle opener	['bɒtəl 'əʊpənə(r)]
apriscatole (m)	can opener	[kæn 'əʊpənə(r)]
arachide (f)	peanut	['piːnʌt]
aragosta (f)	spiny lobster	['spaɪnɪ 'lɒbstə(r)]
arancia (f)	orange	['ɒrɪndʒ]
aringa (f)	herring	['herɪŋ]
asparago (m)	asparagus	[ə'spærəgəs]
avena (f)	oats	[əʊts]
avocado (m)	avocado	[ˌævə'kɑːdəʊ]
bacca (f)	berry	['berɪ]
bacche (f pl)	berries	['berɪːz]
banana (f)	banana	[bə'nɑːnə]
barbabietola (f)	beet	[biːt]
barista (m)	bartender	['bɑːrˌtendə(r)]
basilico (m)	basil	['beɪzəl]
bevanda (f) analcolica	soft drink	[sɒft drɪŋk]
bevande (f pl) alcoliche	liquors	['lɪkəz]
bibita (f)	refreshing drink	[rɪ'freʃɪŋ drɪŋk]
bicchiere (m)	glass	[glɑːs]
birra (f)	beer	[bɪə(r)]

birra (f) chiara	light beer	[ˌlaɪt ˈbɪə(r)]
birra (f) scura	dark beer	[ˈdɑːk ˌbɪə(r)]
biscotti (m pl)	cookies	[ˈkʊkɪz]
bistecca (f)	steak	[steɪk]
boleto (m) rufo	orange-cap boletus	[ˈɒrɪndʒ kæp bəˈliːtəs]
bollito	boiled	[ˈbɔɪld]
briciola (f)	crumb	[krʌm]
broccolo (m)	broccoli	[ˈbrɒkəlɪ]
brodo (m)	clear soup	[ˌklɪə ˈsuːp]
buccia (f)	peel	[piːl]
budino (m)	pudding	[ˈpʊdɪŋ]
Buon appetito!	Enjoy your meal!	[ɪnˈdʒɔɪ jɔː ˌmiːl]
buono, gustoso	tasty	[ˈteɪstɪ]
burro (m)	butter	[ˈbʌtə(r)]
cacciagione (f)	game	[geɪm]
caffè (m)	coffee	[ˈkɒfɪ]
caffè (m) nero	black coffee	[blæk ˈkɒfɪ]
caffè (m) solubile	instant coffee	[ˈɪnstənt ˈkɒfɪ]
caffè latte (m)	coffee with milk	[ˈkɒfɪ wɪð mɪlk]
calamaro (m)	squid	[skwɪd]
caldo	hot	[hɒt]
calice (m)	glass	[glɑːs]
caloria (f)	calorie	[ˈkælərɪ]
cameriera (f)	waitress	[ˈweɪtrɪs]
cameriere (m)	waiter	[ˈweɪtə(r)]
cannella (f)	cinnamon	[ˈsɪnəmən]
cappuccino (m)	cappuccino	[ˌkæpʊˈtʃiːnəʊ]
caramella (f)	candy	[ˈkændɪ]
carboidrati (m pl)	carbohydrates	[ˌkɑːbəʊˈhaɪdreɪts]
carciofo (m)	artichoke	[ˈɑːtɪtʃəʊk]
carne (f)	meat	[miːt]
carne (f) trita	hamburger	[ˈhæmbɜːgə(r)]
carota (f)	carrot	[ˈkærət]
carpa (f)	carp	[kɑːp]
cavatappi (m)	corkscrew	[ˈkɔːkskruː]
caviale (m)	caviar	[ˈkævɪɑː(r)]
cavoletti (m pl) di Bruxelles	Brussels sprouts	[ˈbrʌsəlz ˌspraʊts]
cavolfiore (m)	cauliflower	[ˈkɒlɪˌflaʊə(r)]
cavolo (m)	cabbage	[ˈkæbɪdʒ]
cena (f)	dinner	[ˈdɪnə(r)]
cereali (m pl)	groats	[grəʊts]
cereali (m pl)	cereal crops	[ˈsɪərɪəl krɒps]
cetriolo (m)	cucumber	[ˈkjuːkʌmbə(r)]
champagne (m)	champagne	[ʃæmˈpeɪn]
chiodi (m pl) di garofano	cloves	[kləʊvz]
cibi (m pl) in scatola	canned food	[kænd fuːd]
cibo (m)	food	[fuːd]
ciliegia (f)	sweet cherry	[swiːt ˈtʃerɪ]
cioccolato (m)	chocolate	[ˈtʃɒkələt]
cipolla (f)	onion	[ˈʌnjən]
cocktail (m)	cocktail	[ˈkɒkteɪl]

cognac (m)	cognac	['kɒnjæk]
colazione (f)	breakfast	['brekfəst]
coltello (m)	knife	[naɪf]
con ghiaccio	with ice	[wɪð aɪs]
condimento (m)	condiment	['kɒndɪmənt]
congelato	frozen	['frəʊzən]
coniglio (m)	rabbit	['ræbɪt]
conto (m)	check	[ʧek]
contorno (m)	side dish	[saɪd dɪʃ]
coriandolo (m)	coriander	[ˌkɒrɪ'ændə(r)]
crema (f)	buttercream	['bʌtəˌkri:m]
cren (m)	horseradish	['hɔ:sˌrædɪʃ]
crostacei (m pl)	crustaceans	[krʌ'steɪʃənz]
crostata (f)	pie	[paɪ]
cucchiaino (m) da tè	teaspoon	['ti:spu:n]
cucchiaio (m)	spoon	[spu:n]
cucchiaio (m)	soup spoon	[su:p spu:n]
cucina (f)	cuisine	[kwɪ'zi:n]
cumino, comino (m)	caraway	['kærəweɪ]
dattero (m)	date	[deɪt]
dieta (f)	diet	['daɪət]
dolce	sweet	[swi:t]
dolce (m)	dessert	[dɪ'zɜ:t]
fagiolo (m)	kidney bean	['kɪdnɪ bi:n]
farina (f)	flour	['flaʊə(r)]
fave (f pl)	beans	[bi:nz]
fegato (m)	liver	['lɪvə(r)]
fetta (f), fettina (f)	slice	[slaɪs]
fico (m)	fig	[fɪg]
fiocchi (m pl) di mais	cornflakes	['kɔ:nfleɪks]
forchetta (f)	fork	[fɔ:k]
formaggio (m)	cheese	[ʧi:z]
fragola (f)	strawberry	['strɔ:bərɪ]
fragola (f) di bosco	wild strawberry	['waɪld 'strɔ:bərɪ]
freddo	cold	[kəʊld]
frittata (f)	omelet	['ɒmlɪt]
fritto	fried	[fraɪd]
frizzante	sparkling	['spɑ:klɪŋ]
frullato (m)	milkshake	['mɪlk ʃeɪk]
frumento (m)	wheat	[wi:t]
frutti (m pl)	fruits	[fru:ts]
frutti (m pl) di mare	seafood	['ɔi:fu:d]
frutto (m)	fruit	[fru:t]
fungo (m)	mushroom	['mʌʃrʊm]
fungo (m) commestibile	edible mushroom	['edɪbəl 'mʌʃrʊm]
fungo (m) moscario	death cap	['deθ ˌkæp]
fungo (m) velenoso	poisonous mushroom	['pɔɪzənəs 'mʌʃrʊm]
gallinaccio (m)	chanterelle	[ʃɒntə'rel]
gamberetto (m)	shrimp	[ʃrɪmp]
gassata	carbonated	['kɑ:bəneɪtɪd]
gelato (m)	ice-cream	[aɪs kri:m]
ghiaccio (m)	ice	[aɪs]

gin (m)	gin	[dʒɪn]
gomma (f) da masticare	chewing gum	['tʃuːɪŋ ˌgʌm]
granchio (m)	crab	[kræb]
grano (m)	grain	[greɪn]
grano (m) saraceno	buckwheat	['bʌkwiːt]
grassi (m pl)	fats	[fæts]
gusto (m)	taste, flavor	[teɪst], ['fleɪvə(r)]
hamburger (m)	hamburger	['hæmbɜːgə(r)]
insalata (f)	salad	['sæləd]
ippoglosso (m)	halibut	['hælɪbət]
kiwi (m)	kiwi	['kiːwiː]
lampone (m)	raspberry	['rɑːzbərɪ]
latte (m)	milk	[mɪlk]
latte (m) condensato	condensed milk	[kən'denst mɪlk]
lattuga (f)	lettuce	['letɪs]
lenticchie (f pl)	lentil	['lentɪl]
limonata (f)	lemonade	[ˌleməˈneɪd]
limone (m)	lemon	['lemən]
lingua (f)	tongue	[tʌŋ]
liquore (m)	liqueur	[lɪˈkjʊə(r)]
liscia, non gassata	still	[stɪl]
lista (f) dei vini	wine list	['waɪn lɪst]
luccio (m)	pike	[paɪk]
lucioperca (f)	pike perch	[paɪk pɜːtʃ]
maiale (m)	pork	[pɔːk]
maionese (m)	mayonnaise	[ˌmeɪə'neɪz]
mais (m)	corn	[kɔːn]
mais (m)	corn	[kɔːn]
mancia (f)	tip	[tɪp]
mandarino (m)	mandarin	['mændərɪn]
mandorla (f)	almond	['ɑːmənd]
mango (m)	mango	['mæŋgəʊ]
manzo (m)	beef	[biːf]
margarina (f)	margarine	[ˌmɑːdʒə'riːn]
marmellata (f)	jam	[dʒæm]
marmellata (f)	jam	[dʒæm]
marmellata (f) di agrumi	marmalade	['mɑːməleɪd]
mela (f)	apple	['æpəl]
melagrana (f)	pomegranate	['pɒmɪˌgrænɪt]
melanzana (f)	eggplant	['egplɑːnt]
melone (m)	melon	['melən]
menù (m)	menu	['menjuː]
merluzzo (m)	cod	[kɒd]
miele (m)	honey	['hʌnɪ]
miglio (m)	millet	['mɪlɪt]
minestra (f)	soup	[suːp]
mirtillo (m)	bilberry	['bɪlbərɪ]
mirtillo (m) di palude	cranberry	['krænbərɪ]
mirtillo (m) rosso	cowberry	['kaʊberɪ]
mora (f)	blackberry	['blækbərɪ]
nocciola (f)	hazelnut	['heɪzəlnʌt]
noce (f)	walnut	['wɔːlnʌt]

195

noce (f) di cocco	coconut	['kəʊkənʌt]
oca (f)	goose	[gu:s]
olio (m) d'oliva	olive oil	['ɒlɪv ,ɔɪl]
olio (m) di girasole	sunflower oil	['sʌn,flaʊə ɔɪl]
olio (m) vegetale	vegetable oil	['vedʒtəbəl ɔɪl]
olive (f pl)	olives	['ɒlɪvz]
ortaggi (m pl)	vegetables	['vedʒtəbəlz]
orzo (m)	barley	['bɑ:lɪ]
ostrica (f)	oyster	['ɔɪstə(r)]
ovolaccio (m)	fly agaric	[flaɪ 'ægərɪk]
pâté (m)	pâté	['pæteɪ]
pancetta (f)	bacon	['beɪkən]
pane (m)	bread	[bred]
panino (m)	sandwich	['sænwɪdʒ]
panna (f)	cream	[kri:m]
panna (f) acida	sour cream	['saʊə ,kri:m]
papaia (f)	papaya	[pə'paɪə]
paprica (f)	paprika	['pæprɪkə]
pasta (f)	pasta	['pæstə]
pasticceria (f)	confectionery	[kən'fekʃənərɪ]
patata (f)	potato	[pə'teɪtəʊ]
pepe (m) nero	black pepper	[blæk 'pepə(r)]
peperoncino (m)	red pepper	[red 'pepə(r)]
peperone (m)	bell pepper	[bel 'pepə(r)]
pera (f)	pear	[peə(r)]
perca (f)	perch	[pɜ:tʃ]
pesca (f)	peach	[pi:tʃ]
pesce (m)	fish	[fɪʃ]
pesce (m) gatto	catfish	['kætfɪʃ]
pezzo (m)	piece	[pi:s]
piattino (m)	saucer	['sɔ:sə(r)]
piatto (m)	course, dish	[kɔ:s], [dɪʃ]
piatto (m)	plate	[pleɪt]
pisello (m)	pea	[pi:]
pistacchi (m pl)	pistachios	[pɪ'stɑ:ʃɪəʊs]
pizza (f)	pizza	['pi:tsə]
pollo (m)	chicken	['tʃɪkɪn]
pomodoro (m)	tomato	[tə'meɪtəʊ]
pompelmo (m)	grapefruit	['greɪpfru:t]
porcinello (m)	birch bolete	[bɜ:tʃ bə'li:tə]
porcino (m)	cep	[sep]
porridge (m)	porridge	['pɒrɪdʒ]
porzione (f)	portion	['pɔ:ʃən]
pranzo (m)	lunch	[lʌntʃ]
prezzemolo (m)	parsley	['pɑ:slɪ]
prosciutto (m)	ham	[hæm]
prosciutto (m) affumicato	gammon	['gæmən]
proteine (f pl)	proteins	['prəʊti:nz]
prugna (f)	plum	[plʌm]
pub (m), bar (m)	pub, bar	[pʌb], [bɑ:(r)]
purè (m) di patate	mashed potatoes	[mæʃt pə'teɪtəʊz]
rapa (f)	turnip	['tɜ:nɪp]

ravanello (m)	radish	['rædɪʃ]
retrogusto (m)	aftertaste	['ɑːftəteɪst]
ribes (m) nero	blackcurrant	[ˌblæk'kʌrənt]
ribes (m) rosso	redcurrant	['redkʌrənt]
ricetta (f)	recipe	['resɪpɪ]
ripieno (m)	filling	['fɪlɪŋ]
riso (m)	rice	[raɪs]
rossola (f)	russula	['rʌsjʊlə]
rum (m)	rum	[rʌm]
salame (m)	sausage	['sɒsɪʤ]
salato	salty	['sɔːltɪ]
sale (m)	salt	[sɔːlt]
salmone (m)	salmon	['sæmən]
salmone (m)	Atlantic salmon	[ət'læntɪk 'sæmən]
salsa (f)	sauce	[sɔːs]
sardina (f)	sardine	[sɑː'diːn]
scombro (m)	mackerel	['mækərəl]
secco	dried	[draɪd]
sedano (m)	celery	['selərɪ]
segale (f)	rye	[raɪ]
senape (f)	mustard	['mʌstəd]
sesamo (m)	sesame	['sesəmɪ]
sogliola (f)	flatfish	['flætfɪʃ]
soia (f)	soy	[sɔɪ]
sottoaceto	pickled	['pɪkəld]
spaghetti (m pl)	spaghetti	[spə'getɪ]
spezie (f pl)	spice	[spaɪs]
spiga (f)	ear	[ɪə(r)]
spinaci (m pl)	spinach	['spɪnɪʤ]
spremuta (f)	freshly squeezed juice	['freʃlɪ skwiːzd ʤuːs]
spugnola (f)	morel	[mə'rel]
squalo (m)	shark	[ʃɑːk]
storione (m)	sturgeon	['stɜːʤən]
stuzzicadenti (m)	toothpick	['tuːθpɪk]
succo (m)	juice	[ʤuːs]
succo (m) d'arancia	orange juice	['ɒrɪnʤ ʤuːs]
succo (m) di pomodoro	tomato juice	[tə'meɪtəʊ ʤuːs]
tè (m)	tea	[tiː]
tè (m) nero	black tea	[blæk tiː]
tè (m) verde	green tea	['griːnˌtiː]
tacchino (m)	turkey	['tɜːkɪ]
tagliatelle (f pl)	noodles	['nuːdəlz]
tazza (f)	cup	[kʌp]
tonno (m)	tuna	['tuːnə]
torta (f)	cake	[keɪk]
tortina (f)	cake	[keɪk]
trota (f)	trout	[traʊt]
tuorlo (m)	egg yolk	['eg jəʊk]
uova (f pl)	eggs	[egz]
uova (f pl) al tegamino	fried eggs	['fraɪd ˌegz]
uovo (m)	egg	[eg]
uva (f)	grape	[greɪp]

uva (f) spina	gooseberry	['gʊzbərɪ]
uvetta (f)	raisin	['reɪzən]
vegetariano	vegetarian	[ˌvedʒɪ'teərɪən]
vegetariano (m)	vegetarian	[ˌvedʒɪ'teərɪən]
verdura (f)	greens	[griːnz]
vermouth (m)	vermouth	[vɜ:'muːθ]
vino (m)	wine	[waɪn]
vino (m) bianco	white wine	['waɪt ˌwaɪn]
vino (m) rosso	red wine	['red ˌwaɪn]
vitamina (f)	vitamin	['vaɪtəmɪn]
vitello (m)	veal	[viːl]
vodka (f)	vodka	['vɒdkə]
würstel (m)	vienna sausage	[vɪ'enə 'sɒsɪdʒ]
wafer (m)	wafers	['weɪfəz]
whisky	whiskey	['wɪskɪ]
yogurt (m)	yogurt	['jəʊgərt]
zafferano (m)	saffron	['sæfrən]
zenzero (m)	ginger	['dʒɪndʒə(r)]
zucca (f)	pumpkin	['pʌmpkɪn]
zucchero (m)	sugar	['ʃʊgə(r)]
zucchina (f)	zucchini	[zu:'kiːnɪ]

Inglese-Italiano dizionario gastronomico

aftertaste	['ɑːftəteɪst]	retrogusto (m)
almond	['ɑːmənd]	mandorla (f)
anise	['ænɪs]	anice (m)
aperitif	[əperə'tiːf]	aperitivo (m)
appetite	['æpɪtaɪt]	appetito (m)
appetizer	['æpɪtaɪzə(r)]	antipasto (m)
apple	['æpəl]	mela (f)
apricot	['eɪprɪkɒt]	albicocca (f)
artichoke	['ɑːtɪtʃəʊk]	carciofo (m)
asparagus	[ə'spærəgəs]	asparago (m)
Atlantic salmon	[ət'læntɪk 'sæmən]	salmone (m)
avocado	[ˌævə'kɑːdəʊ]	avocado (m)
bacon	['beɪkən]	pancetta (f)
banana	[bə'nɑːnə]	banana (f)
barley	['bɑːlɪ]	orzo (m)
bartender	['bɑːrˌtendə(r)]	barista (m)
basil	['beɪzəl]	basilico (m)
bay leaf	[beɪ liːf]	alloro (m)
beans	[biːnz]	fave (f pl)
beef	[biːf]	manzo (m)
beer	[bɪə(r)]	birra (f)
beet	[biːt]	barbabietola (f)
bell pepper	[bel 'pepə(r)]	peperone (m)
berries	['berɪːz]	bacche (f pl)
berry	['berɪ]	bacca (f)
bilberry	['bɪlberɪ]	mirtillo (m)
birch bolete	[bɜːtʃ bə'liːtə]	porcinello (m)
bitter	['bɪtə(r)]	amaro
black coffee	[blæk 'kɒfɪ]	caffè (m) nero
black pepper	[blæk 'pepə(r)]	pepe (m) nero
black tea	[blæk tiː]	tè (m) nero
blackberry	['blækberɪ]	mora (f)
blackcurrant	[ˌblæk'kʌrənt]	ribes (m) nero
boiled	['bɔɪld]	bollito
bottle opener	['bɒtəl 'əʊpənə(r)]	apribottiglie (m)
bread	[bred]	pane (m)
breakfast	['brekfəst]	colazione (f)
bream	[briːm]	abramide (f)
broccoli	['brɒkəlɪ]	broccolo (m)
Brussels sprouts	['brʌsəlz ˌspraʊts]	cavoletti (m pl) di Bruxelles
buckwheat	['bʌkwiːt]	grano (m) saraceno
butter	['bʌtə(r)]	burro (m)
buttercream	['bʌtəˌkriːm]	crema (f)

cabbage	['kæbɪʤ]	cavolo (m)
cake	[keɪk]	tortina (f)
cake	[keɪk]	torta (f)
calorie	['kælərɪ]	caloria (f)
can opener	[kæn 'əʊpənə(r)]	apriscatole (m)
candy	['kændɪ]	caramella (f)
canned food	[kænd fu:d]	cibi (m pl) in scatola
cappuccino	[ˌkæpʊ'ʧi:nəʊ]	cappuccino (m)
caraway	['kærəweɪ]	cumino, comino (m)
carbohydrates	[ˌkɑ:bəʊ'haɪdreɪts]	carboidrati (m pl)
carbonated	['kɑ:bəneɪtɪd]	gassata
carp	[kɑ:p]	carpa (f)
carrot	['kærət]	carota (f)
catfish	['kætfɪʃ]	pesce (m) gatto
cauliflower	['kɒlɪˌflaʊə(r)]	cavolfiore (m)
caviar	['kævɪɑ:(r)]	caviale (m)
celery	['selərɪ]	sedano (m)
cep	[sep]	porcino (m)
cereal crops	['sɪərɪəl krɒps]	cereali (m pl)
champagne	[ʃæm'peɪn]	champagne (m)
chanterelle	[ʃɒntə'rel]	gallinaccio (m)
check	[ʧek]	conto (m)
cheese	[ʧi:z]	formaggio (m)
chewing gum	['ʧu:ɪŋ ˌgʌm]	gomma (f) da masticare
chicken	['ʧɪkɪn]	pollo (m)
chocolate	['ʧɒkələt]	cioccolato (m)
chocolate	['ʧɒkələt]	al cioccolato
cinnamon	['sɪnəmən]	cannella (f)
clear soup	[ˌklɪə 'su:p]	brodo (m)
cloves	[kləʊvz]	chiodi (m pl) di garofano
cocktail	['kɒkteɪl]	cocktail (m)
coconut	['kəʊkənʌt]	noce (f) di cocco
cod	[kɒd]	merluzzo (m)
coffee	['kɒfɪ]	caffè (m)
coffee with milk	['kɒfɪ wɪð mɪlk]	caffè latte (m)
cognac	['kɒnjæk]	cognac (m)
cold	[kəʊld]	freddo
condensed milk	[kən'denst mɪlk]	latte (m) condensato
condiment	['kɒndɪmənt]	condimento (m)
confectionery	[kən'fekʃənərɪ]	pasticceria (f)
cookies	['kʊkɪz]	biscotti (m pl)
coriander	[ˌkɒrɪ'ændə(r)]	coriandolo (m)
corkscrew	['kɔ:kskru:]	cavatappi (m)
corn	[kɔ:n]	mais (m)
corn	[kɔ:n]	mais (m)
cornflakes	['kɔ:nfleɪks]	fiocchi (m pl) di mais
course, dish	[kɔ:s], [dɪʃ]	piatto (m)
cowberry	['kaʊberɪ]	mirtillo (m) rosso
crab	[kræb]	granchio (m)
cranberry	['krænbərɪ]	mirtillo (m) di palude
cream	[kri:m]	panna (f)
crumb	[krʌm]	briciola (f)

crustaceans	[krʌ'steɪʃənz]	crostacei (m pl)
cucumber	['kju:kʌmbə(r)]	cetriolo (m)
cuisine	[kwɪ'zi:n]	cucina (f)
cup	[kʌp]	tazza (f)
dark beer	['dɑːk ˌbɪə(r)]	birra (f) scura
date	[deɪt]	dattero (m)
death cap	['deθ ˌkæp]	fungo (m) moscario
dessert	[dɪ'zɜːt]	dolce (m)
diet	['daɪət]	dieta (f)
dill	[dɪl]	aneto (m)
dinner	['dɪnə(r)]	cena (f)
dried	[draɪd]	secco
drinking water	['drɪŋkɪŋ 'wɔːtə(r)]	acqua (f) potabile
duck	[dʌk]	anatra (f)
ear	[ɪə(r)]	spiga (f)
edible mushroom	['edɪbəl 'mʌʃrʊm]	fungo (m) commestibile
eel	[i:l]	anguilla (f)
egg	[eg]	uovo (m)
egg white	['eg ˌwaɪt]	albume (m)
egg yolk	['eg jəʊk]	tuorlo (m)
eggplant	['egplɑːnt]	melanzana (f)
eggs	[egz]	uova (f pl)
Enjoy your meal!	[ɪn'dʒɔɪ jɔː ˌmi:l]	Buon appetito!
fats	[fæts]	grassi (m pl)
fig	[fɪg]	fico (m)
filling	['fɪlɪŋ]	ripieno (m)
fish	[fɪʃ]	pesce (m)
flatfish	['flætfɪʃ]	sogliola (f)
flour	['flaʊə(r)]	farina (f)
fly agaric	[flaɪ 'ægərɪk]	ovolaccio (m)
food	[fu:d]	cibo (m)
fork	[fɔːk]	forchetta (f)
freshly squeezed juice	['freʃlɪ skwi:zd dʒu:s]	spremuta (f)
fried	[fraɪd]	fritto
fried eggs	['fraɪd ˌegz]	uova (f pl) al tegamino
frozen	['frəʊzən]	congelato
fruit	[fru:t]	frutto (m)
fruits	[fru:ts]	frutti (m pl)
game	[geɪm]	cacciagione (f)
gammon	['gæmən]	prosciutto (m) affumicato
garlic	['gɑːlɪk]	aglio (m)
gin	[dʒɪn]	gin (m)
ginger	['dʒɪndʒə(r)]	zenzero (m)
glass	[glɑːs]	bicchiere (m)
glass	[glɑːs]	calice (m)
goose	[gu:s]	oca (f)
gooseberry	['gʊzbərɪ]	uva (f) spina
grain	[greɪn]	grano (m)
grape	[greɪp]	uva (f)
grapefruit	['greɪpfru:t]	pompelmo (m)
green tea	['gri:nˌti:]	tè (m) verde
greens	[gri:nz]	verdura (f)

groats	[grəʊts]	cereali (m pl)
halibut	['hælɪbət]	ippoglosso (m)
ham	[hæm]	prosciutto (m)
hamburger	['hæmbɜ:gə(r)]	carne (f) trita
hamburger	['hæmbɜ:gə(r)]	hamburger (m)
hazelnut	['heɪzəlnʌt]	nocciola (f)
herring	['herɪŋ]	aringa (f)
honey	['hʌni]	miele (m)
horseradish	['hɔ:sˌrædɪʃ]	cren (m)
hot	[hɒt]	caldo
ice	[aɪs]	ghiaccio (m)
ice-cream	[aɪs kri:m]	gelato (m)
instant coffee	['ɪnstənt 'kɒfɪ]	caffè (m) solubile
jam	[dʒæm]	marmellata (f)
jam	[dʒæm]	marmellata (f)
juice	[dʒu:s]	succo (m)
kidney bean	['kɪdnɪ bi:n]	fagiolo (m)
kiwi	['ki:wi:]	kiwi (m)
knife	[naɪf]	coltello (m)
lamb	[læm]	agnello (m)
lemon	['lemən]	limone (m)
lemonade	[ˌlemə'neɪd]	limonata (f)
lentil	['lentɪl]	lenticchie (f pl)
lettuce	['letɪs]	lattuga (f)
light beer	[ˌlaɪt 'bɪə(r)]	birra (f) chiara
liqueur	[lɪ'kjʊə(r)]	liquore (m)
liquors	['lɪkəz]	bevande (f pl) alcoliche
liver	['lɪvə(r)]	fegato (m)
lunch	[lʌntʃ]	pranzo (m)
mackerel	['mækərəl]	scombro (m)
mandarin	['mændərɪn]	mandarino (m)
mango	['mæŋgəʊ]	mango (m)
margarine	[ˌmɑ:dʒə'ri:n]	margarina (f)
marmalade	['mɑ:məleɪd]	marmellata (f) di agrumi
mashed potatoes	[mæʃt pə'teɪtəʊz]	purè (m) di patate
mayonnaise	[ˌmeɪə'neɪz]	maionese (m)
meat	[mi:t]	carne (f)
melon	['melən]	melone (m)
menu	['menju:]	menù (m)
milk	[mɪlk]	latte (m)
milkshake	['mɪlk ʃeɪk]	frullato (m)
millet	['mɪlɪt]	miglio (m)
mineral water	['mɪnərəl 'wɔ:tə(r)]	acqua (f) minerale
morel	[mə'rel]	spugnola (f)
mushroom	['mʌʃrʊm]	fungo (m)
mustard	['mʌstəd]	senape (f)
non-alcoholic	[nɒn ˌælkə'hɒlɪk]	analcolico
noodles	['nu:dəlz]	tagliatelle (f pl)
oats	[əʊts]	avena (f)
olive oil	['ɒlɪv ˌɔɪl]	olio (m) d'oliva
olives	['ɒlɪvz]	olive (f pl)
omelet	['ɒmlɪt]	frittata (f)

onion	['ʌnjən]	cipolla (f)
orange	['ɒrɪndʒ]	arancia (f)
orange juice	['ɒrɪndʒ ˌdʒu:s]	succo (m) d'arancia
orange-cap boletus	['ɒrɪndʒ kæp bə'li:təs]	boleto (m) rufo
oyster	['ɔɪstə(r)]	ostrica (f)
pâté	['pæteɪ]	pâté (m)
papaya	[pə'paɪə]	papaia (f)
paprika	['pæprɪkə]	paprica (f)
parsley	['pɑ:slɪ]	prezzemolo (m)
pasta	['pæstə]	pasta (f)
pea	[pi:]	pisello (m)
peach	[pi:tʃ]	pesca (f)
peanut	['pi:nʌt]	arachide (f)
pear	[peə(r)]	pera (f)
peel	[pi:l]	buccia (f)
perch	[pɜ:tʃ]	perca (f)
pickled	['pɪkəld]	sottoaceto
pie	[paɪ]	crostata (f)
piece	[pi:s]	pezzo (m)
pike	[paɪk]	luccio (m)
pike perch	[paɪk pɜ:tʃ]	lucioperca (f)
pineapple	['paɪnˌæpəl]	ananas (m)
pistachios	[pɪ'stɑ:ʃɪəʊs]	pistacchi (m pl)
pizza	['pi:tsə]	pizza (f)
plate	[pleɪt]	piatto (m)
plum	[plʌm]	prugna (f)
poisonous mushroom	['pɔɪzənəs 'mʌʃrʊm]	fungo (m) velenoso
pomegranate	['pɒmɪˌgrænɪt]	melagrana (f)
pork	[pɔ:k]	maiale (m)
porridge	['pɒrɪdʒ]	porridge (m)
portion	['pɔ:ʃən]	porzione (f)
potato	[pə'teɪtəʊ]	patata (f)
proteins	['prəʊti:nz]	proteine (f pl)
pub, bar	[pʌb], [bɑ:(r)]	pub (m), bar (m)
pudding	['pʊdɪŋ]	budino (m)
pumpkin	['pʌmpkɪn]	zucca (f)
rabbit	['ræbɪt]	coniglio (m)
radish	['rædɪʃ]	ravanello (m)
raisin	['reɪzən]	uvetta (f)
raspberry	['rɑ:zbərɪ]	lampone (m)
recipe	['resɪpɪ]	ricetta (f)
red pepper	[red 'pepə(r)]	peperoncino (m)
red wine	['red ˌwaɪn]	vino (m) rosso
redcurrant	['redkʌrənt]	ribes (m) rosso
refreshing drink	[rɪ'freʃɪŋ drɪŋk]	bibita (f)
rice	[raɪs]	riso (m)
rum	[rʌm]	rum (m)
russula	['rʌsjʊlə]	rossola (f)
rye	[raɪ]	segale (f)
saffron	['sæfrən]	zafferano (m)
salad	['sæləd]	insalata (f)
salmon	['sæmən]	salmone (m)

salt	[sɔːlt]	sale (m)
salty	['sɔːltɪ]	salato
sandwich	['sænwɪʤ]	panino (m)
sardine	[sɑːˈdiːn]	sardina (f)
sauce	[sɔːs]	salsa (f)
saucer	['sɔːsə(r)]	piattino (m)
sausage	['sɒsɪʤ]	salame (m)
seafood	['siːfuːd]	frutti (m pl) di mare
sesame	['sesəmɪ]	sesamo (m)
shark	[ʃɑːk]	squalo (m)
shrimp	[ʃrɪmp]	gamberetto (m)
side dish	[saɪd dɪʃ]	contorno (m)
slice	[slaɪs]	fetta (f), fettina (f)
smoked	[sməʊkt]	affumicato
soft drink	[sɒft drɪŋk]	bevanda (f) analcolica
soup	[suːp]	minestra (f)
soup spoon	[suːp spuːn]	cucchiaio (m)
sour cherry	['saʊə 'ʧerɪ]	amarena (f)
sour cream	['saʊə ˌkriːm]	panna (f) acida
soy	[sɔɪ]	soia (f)
spaghetti	[spə'getɪ]	spaghetti (m pl)
sparkling	['spɑːklɪŋ]	frizzante
spice	[spaɪs]	spezie (f pl)
spinach	['spɪnɪʤ]	spinaci (m pl)
spiny lobster	['spaɪnɪ 'lɒbstə(r)]	aragosta (f)
spoon	[spuːn]	cucchiaio (m)
squid	[skwɪd]	calamaro (m)
steak	[steɪk]	bistecca (f)
still	[stɪl]	liscia, non gassata
strawberry	['strɔːbərɪ]	fragola (f)
sturgeon	['stɜːʤən]	storione (m)
sugar	['ʃʊgə(r)]	zucchero (m)
sunflower oil	['sʌnˌflaʊə ɔɪl]	olio (m) di girasole
sweet	[swiːt]	dolce
sweet cherry	[swiːt 'ʧerɪ]	ciliegia (f)
taste, flavor	[teɪst], ['fleɪvə(r)]	gusto (m)
tasty	['teɪstɪ]	buono, gustoso
tea	[tiː]	tè (m)
teaspoon	['tiːspuːn]	cucchiaino (m) da tè
tip	[tɪp]	mancia (f)
tomato	[tə'meɪtəʊ]	pomodoro (m)
tomato juice	[tə'meɪtəʊ ʤuːs]	succo (m) di pomodoro
tongue	[tʌŋ]	lingua (f)
toothpick	['tuːθpɪk]	stuzzicadenti (m)
trout	[traʊt]	trota (f)
tuna	['tuːnə]	tonno (m)
turkey	['tɜːkɪ]	tacchino (m)
turnip	['tɜːnɪp]	rapa (f)
veal	[viːl]	vitello (m)
vegetable oil	['veʤtəbəl ɔɪl]	olio (m) vegetale
vegetables	['veʤtəbəlz]	ortaggi (m pl)
vegetarian	[ˌveʤɪ'teərɪən]	vegetariano (m)

vegetarian	[ˌvedʒɪˈteərɪən]	vegetariano
vermouth	[vɜːˈmuːθ]	vermouth (m)
vienna sausage	[vɪˈenə ˈsɒsɪdʒ]	würstel (m)
vinegar	[ˈvɪnɪɡə(r)]	aceto (m)
vitamin	[ˈvaɪtəmɪn]	vitamina (f)
vodka	[ˈvɒdkə]	vodka (f)
wafers	[ˈweɪfəz]	wafer (m)
waiter	[ˈweɪtə(r)]	cameriere (m)
waitress	[ˈweɪtrɪs]	cameriera (f)
walnut	[ˈwɔːlnʌt]	noce (f)
water	[ˈwɔːtə(r)]	acqua (f)
watermelon	[ˈwɔːtəˌmelən]	anguria (f)
wheat	[wiːt]	frumento (m)
whiskey	[ˈwɪskɪ]	whisky
white wine	[ˈwaɪt ˌwaɪn]	vino (m) bianco
wild strawberry	[ˈwaɪld ˈstrɔːbərɪ]	fragola (f) di bosco
wine	[waɪn]	vino (m)
wine list	[ˈwaɪn lɪst]	lista (f) dei vini
with ice	[wɪð aɪs]	con ghiaccio
yogurt	[ˈjəʊɡərt]	yogurt (m)
zucchini	[zuːˈkiːnɪ]	zucchina (f)